中小企業でもできる！
AI活用のすすめ

人工知能
AIの導入を
考えはじめたら読む本

坂田岳史 │編著│　　ウィキ京都研究会 │著│

同友館

● は じ め に ●

　先日、ある中小企業の方が集まる会で、中小企業のAI活用というテーマで講演させて頂きました。その時、会の会長さんが講師である筆者を紹介する時、次のように言われました。「AIの専門家や大学の先生の話は今まで数多く聞きました。これはこれでAIの可能性や将来性についてよく理解できました。しかし、我々中小企業がAIを導入するには具体的に何を知り、どうすればいいか？という疑問には答えて貰えませんでした。そこで今回、中小企業のAI導入に実績がある先生に講師をお願いしました」と……。

　実はこの会長さんの話は、まさに今の中小企業のAI導入の課題を表しています。現在、スマートスピーカー、自動車の自動運転、AI掃除機などAIを活用した先進的な製品が次々登場しています。確かにAIは私達の生活やビジネスに革新を与えることは事実でしょう。しかしこれが逆に、AIは高度なもの、AIは難しいというイメージが、特に中小企業の方に抱かせているのではないでしょうか。ちなみに、私がIT経営の顧問をしている従業員3名の小売店では数年前からPOSシステムを利用しています。このシステムのデータを使えばAI活用の可能性がある事を社長さんに言うと、「え、先生そんなことができるのですか！」「AIなんて高度なもの、うちのような小さな会社では関係ないと思っていました！」と目を丸くして言われました。

　AI活用にはたしかに適切なデータが必要です。しかし逆に言えばデータがあれば、AI活用の可能性があるのです。また、労力が必要ですが新たに画像データを作ればAIによる画像認識も可能です。しかしこのことに多くの中小企業や小規模事業者の方は気が付いてないと思います。

　そこで中小企業等の方に、もっとAIについて知ってもらい自社への導入のきっかけを作って頂くために本書を執筆しました。本書の9人の執筆者は中小企業経営に精通している中小企業診断士であり、日々AIの技術や活用方法について研究しています。ですので、中小企業や小規模事業者がAIを導入するにあたり必要な知識やノウハウ、マネジメント法を中心に執筆し、AIの技術的な要素は最低限にしました。

　本文でもご説明していますが、AIは中小企業等において生産性向上の新たなパートナーになる可能性を秘めています。ぜひ、本書をご覧頂きAIをよきパートナーにして頂ければ執筆者一同幸甚です。

2020年7月

執筆者代表　坂田　岳史

● はじめに ●

　本書の執筆メンバーは「ウィキ京都研究会」という研究会から有志を募って構成されています。

　ウィキ京都研究会は経営コンサルティングの国家資格である「中小企業診断士」による京都の組織である京都府中小企業診断協会の公認研究会として2016年2月に発足しました。研究テーマとして中小企業におけるIT活用を軸に、当初はWebマーケティングを中心にしつつ、徐々にAIやIoTをはじめとする先端的技術の研究にも取組むようになりました。

　毎月の定例会では様々な業界の先進事例の研究やクラウド環境を用いたPythonプログラミングの実践などを行い、2019年2月には当研究会の「ディープラーニング分科会」のメンバーがAIの基礎から事例、実践法、そしてAI時代の中小企業診断士の支援法について解説する「京町家で学ぶ！ AI時代における中小企業診断士の企業支援法」と題した1泊2日の研修を開催しました。研修には全国から30名超の診断士が集まり、総まとめのワークショップではAIを活用した意欲的なビジネスプランが各班から発表されおおいに盛り上がり、その後も研修参加者と講師はMLを通じて情報交換を行うゆるやかなつながりが育まれています。2019年度には「情報診断士の会」や「大阪府中小企業診断協会電機業界研究会」との合同研究会を行うなど活動の幅を広げています。

　そして、研究会メンバーは各々研鑽を積み、一般社団法人日本ディープラーニング協会のG検定に現時点で4名合格、大阪大学のNEDO特別講座「実データで学ぶ人工知能講座」や東京大学「グローバル消費インテリジェンス寄附講座」でビッグデータの解析手法を習得する者などもおります。大手メーカー勤務や独立して事務所を構える者など様々ですが、それぞれの現場の中でAI活用を視野に入れた経営課題解決の提案を行い、実践を積み重ねています。

　本書は当研究会の研究成果のひとつとして、AIの活用可能性を中小企業経営の視点からできるだけ平易にまとめました。本書が中小企業経営者や中小企業支援に従事するみなさまの課題解決の一助となれば幸いです。

2020年7月
ウィキ京都研究会代表　松下　晶

目　次

第1章
AIで変わる中小企業

　AIという言葉が定着しはじめており、大企業を中心にAIシステムの導入が進んでいます。しかし、中小企業（小規模事業者含む）ではまだまだAIは遠い存在になっています。この原因にはいくつかありますが、データを蓄積しうまく活用すれば中小企業でもAI活用による生産性向上のチャンスがあります。

　本章では、まずAIのキーワードを整理整頓してAIの構造を理解して頂きます。そして、AIが中小企業にとってどのような存在なのかを定義し、中小企業によるAI導入の課題を考察します。そして、課題を解決するためにAIの正体やAI導入プロセスをご理解頂きます。最後にAI導入における4つの領域をご紹介し、中小企業に必要なAI知識等をご説明します。まずはAIの概要をつかんでください。

1－1
AIが注目されるワケ

　近年、AI（artificial intelligence：人工知能）が注目されており、掃除機やエアコンなどの家電製品をはじめ、スマートスピーカーや自動車の自動運転など身の回りにもAIが多く活用されています。また、製造業や医療現場、農業でもAI導入が積極的に行われています。さらに、AIの研究者やエンジニアの方のAIに関する講演も多く開催されており、AIは私達の生活やビジネスの中に浸透し始めています。このような中、筆者はある中小企業の方が集まる会でAI活用の講演をさせて頂きました。その時、会長さんが講師である私を紹介する時に次のように言われました。

　「AIの研究者やエンジニアの方の話は、今まで何度も聞いたことがあります。これはこれでAIの素晴らしさや将来の可能性について充分理解できました。しかし、我々中小企業がAIを導入して活用するにはどうすればいいか？この疑問には答えてもらえませんでした」

　実は、この会長さんの話は、現在の中小企業のAI導入の課題をズバリと言い当てているのです。AIは私たちの身の回りの製品や、大企業では導入が進んでいますが、中小企業ではなかなか進んでいません。この原因（課題）については後でご説明しますが、AIは企業規模に関係なく導入して活用できます。第3章では中小企業のAI活用事例をご紹介しますが、ここに登場する企業以外もAIを活用して成果を出しているところが多くあります。少子高齢化による人材・人手不足や、景気停滞による受注減などの経営環境変化に対応するには、中小企業においてITやAIの活用が重要になります。そこで、本章ではまず、AIが中小企業にとって、どのような存在かを明らかにし、どのように導入・活用すればいいかを説明していきます。

1－1－1　AIを整理してみる

　さて、いきなりですが、AIと聞いて読者の方は何をイメージするでしょうか。たとえば、ディープラーニング、機械学習、自動運転、ターミネータ、

Siri、画像認識、お掃除ロボット、チャットボット、ペッパー君、音声認識、AlphaGo、ドラえもん、シンギュラリティなどが頭に浮かぶのではないでしょうか。これらはすべてAIに関連する言葉です。しかし、ドラえもんと機械学習はどういう関係か良く分かりません。AIには、いろいろとキーワードがありますが、どうも統一感がないですね。

現在、毎日のようにAIがメディアに登場し、AIに関する雑誌や書籍も数多く発行されています。しかし、上のような言葉が断片的に登場するため、「ドラえもんはAIのようだけど、機械学習も同じAIなの？」という感じでAIのイメージがつかみ難くなっています。

そこで、AIの構成を理解するために、先の言葉を整理・整頓してみましょう。図表1－1をご覧ください。右上にある「カレーライス」を作るためには、野菜の皮をむいたり、肉を切る必要があります。また、野菜の皮を剥くためには包丁が使える必要があります。他にも鍋でお湯を沸かすためには、水道やガスコンロが必要です。そんなの当たり前といわれるでしょうが、大好きなカレーライスを作るためには、色々と大変なのです。

実はAIもこれと同じです。AIで自動車の自動運転を行う場合、障害物があればそれを画像認識して停止させます。また、音声合成で安全運転を促す必要もあります。そして、画像認識を実現するためには、ディープラーニングという技術を使うことが多くあります。

AIもカレーライスと同じように、最終成果物である自動運転を実現するためには、画像認識というAI機能を使い、画像認識を実現するためにはディープラーニングという基礎技術を使う必要があるのです。AIと聞いて何をイメージしますか？と尋ねた時に、自動運転やドラえもんをイメージされた方は、AIの成果物であるアプリケーションを思い浮かべたのです。また、画像認識をイメージされた方はAI機能を、ディープラーニングや機械学習をイメージされた方はAIの基礎技術を思い浮かべたのです。

このようにAI関連の言葉が色々と登場しますが、これらは基礎技術、AI機能、アプリケーションとそれぞれが関連しているのです。これで、少しはAIの言葉が整理・整頓できたと思います。

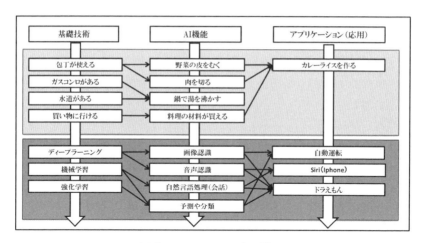

図表1−1　AIの階層構造

1−1−2　生産性向上の新たなパートナー

　ではこのようなAIは、中小企業においてどのような役割を果たすでしょうか？従来の販売管理システムなどのITは業務効率化によく使われています。これは「使うIT」と言えます。では、AIはというと、これは「考えるIT」なのです。そして、この考えるITは、中小企業の生産性向上の新たなパートナーと言えます。

　たとえば、販売管理システムでは、受注情報などの元データを業務に合うように変換します。受注情報には「得意先名、受注日、商品名、数量」などがあります。これをシステムに入力して、出荷のためのピッキングリストを印刷する場合、「出荷日、得意先、送り先、商品名、数量、ロケーション」などの情報に変換されます。つまり、従来のITは入力された情報を業務で使える形にして出力してくれます。ですから人が使うITなのです。

　先程整理した言葉の中に、「ディープラーニング」や「機械学習」がありました。これはAIの基礎技術ですが、これらを活用すると、コンピュータで識別・予測・実行などのAI機能が実現できます。このAI機能を上手く使えば、企業や店舗の生産性を大きく向上させることができます。

　たとえば、飲食店であれば「明日の来店者数の予測」、製造業であれば、「これから行う加工作業の不良予測」、農業であれば「収穫時期のアスパラ

ガスを判別して自動で収穫するロボット」などができます。これは入力されたデータを基にAI機能を使い、人に教えるデータを出力します。人はそれを使って業務を行いますので、AIは考えるITと言えるのです。

そして、これらは、従来の「使うIT」では実現が難しく「考えるIT」であるAIだからこそ実現できるものです。つまり、AIを活用することで、さらに業務の効率化や精度向上ができるため、中小企業の生産性向上の新たなパートナーと言えるのです。

尚、生産性という言葉はよく使いますが、ここでAIと生産性の関係について少し考えてみたいと思います。経済産業省が推奨している経営診断ツールである「ローカルベンチマーク」では、労働生産性を生産性指標に使っています。この労働生産性は次のように定量化されます。

$$労働生産性 \ = \ \frac{営業利益（\text{Output}）}{従業員数（\text{Input}）}$$

図表 1 − 2　労働生産性による定量化

そして、これは次のような成果を出すことで生産性が向上します。

①同じ労働時間でより多くの生産物をつくる
②より少ない労働時間で従来と同じ生産物をつくる

この式からわかるように、生産性を向上させるためには、分子である営業利益を上げるか、分母である従業員数を低減することです。従業員数を低減するというのは従業員をカットするのではなく、中小企業では退職者が出てもすぐに新規採用することが難しいため、従業員が減っても営業利益がでる体質を作ることが重要という意味です。

生産性を向上させるためにはAIだけでなく、業務改善や従来のITを活用する方法も有効です。しかし、AIを活用すれば従来できなかった生産性向上施策を実行することができます。つまり、業務改善や従来のITを

使うことに加えて、AIを活用することでレバレッジ効果（てこの原理）が発揮され、さらに生産性を向上できるのです。その意味から、AIが注目されており、特に今後は中小企業への普及が望まれています。

1－1－3　IoTデータとレガシーデータ

　よくAIはIoTとセットで推進されることがあります。IoTはご存知の通り、Internet of Things「もののインターネット」と呼ばれ、様々なものがインターネットにつながり情報交換する仕組みです。そして、IoTにより、離れたものの状態が分かります。図表1－3は、京都市の市バスのバス停で、白丸の箇所が、現在のバスの位置を表します。これは、IoT技術を使いバスの現在位置情報を基地局に送り、そこから管理センターのサーバーにデータを送り、そこから各バス停にバスの位置情報を送っているのです。京都市だけでなく他の都市でも、このようなIoTを活用したバス停が普及しています。

　インターネットなどを活用したIoTは、バスの位置のように、従来得ることのできなかった新たなデータが収集できることを意味します。そして、新たに収集したデータを使ったAI活用が可能となり、生活やビジネスに変革が起こる可能性があります。

　たとえば、先のバス停はバスの位置情報だけしか活用していませんが、過去のバスの到着時刻や交通渋滞データを使えば、将来は目的の停留場に到着する時刻をAIが正確に予測してくれるかもしれません。これはIoTがあるからこそできることであり、IoTでバスの位置という新たなデータが収集でき、AIを活用すれば今までよりもさらにバスを使う利便性が高まります。その意味で、IoTとAIは非常に相性がいいのです。

　一方、IoTを使わなくても、従来のITである販売管理システムなどにも、データがあります。これは、従来のITに蓄積されたデータを利用すれば、中小企業でもAI活用ができることを意味します。特に識別（予測・分類）の機能を使えば、店舗の来店者予測、商品のリピート購買予測、製造業の不良品予測などが可能です。これはIoTなどで新たに収集したデータではなく、従来のシステムのデータを活用します。

　IoTとAIは相性がよいため、よくセットにされて推奨されますが、従来システムのデータを活用することでも充分AI活用できるのです。その意

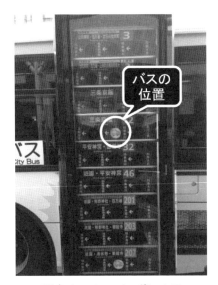

バスの位置

図表1－3　バス停のIoT

味で、現在利用している業務システムなどのデータでもAI活用により新たな生産性向上が可能となります。

　尚、本書では従来システムのデータを「レガシーデータ」と呼ぶことにします。IoTにより新たに収集できるようになったデータだけがAI活用できるのではなく、レガシーデータであっても充分AI活用できます。しかし、多くの中小企業では、それに気が付いていないと思います。

　後の章では、AIでできることやAIシステム導入の方法などについてお話ししますが、これはIoTデータ、レガシーデータに関係なく中小企業に存在するデータを使えばAI導入・活用が実現できることをご理解ください。

1－2
中小企業における AI 導入課題

1－2－1　中小企業の経営課題

　筆者は中小企業のIT経営コンサルティングを数多く経験していますが、どこに行っても、人手不足や人材不足という経営課題を聞きます。もちろん中小企業の経営課題には、事業承継、資金調達、販路開拓など様々なものがありますが、人手・人材不足は多くの中小企業で共通の経営課題でしょう。政府も働き方改革法を制定して、残業規制や有給取得義務などを推奨していますが、実現するのは簡単でありません。

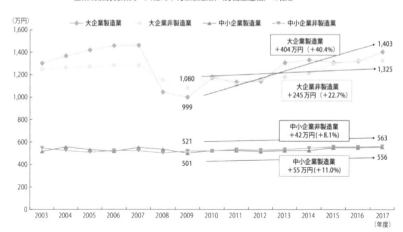

図表 1 － 4　企業規模別の労働生産性推移
出典：中小企業白書 2019

　また、生産性の低さも課題です。図表 1 － 4 は、企業規模別の労働生産性の推移です。これを見ると、中小企業の労働生産性は横ばいで、大企業との差が広がっています。つまり、業務のやり方が非効率なため、人が確保できても生産性が向上しないケースが多いのです。人材の採用に注力すること自体はいいですが、まずは自社の生産性を向上させる取組みを優先する必要があります。

　そこで新たな生産性向上のパートナーである AI が登場し、生産性向上に寄与する訳です。しかし、中小企業では AI 導入においていくつかの課題があります。ここでは、まずはその課題を明確にし、それらの解決方法の道筋をつけたいと思います。

1 － 2 － 2　中小企業における AI 導入の課題

　大企業では AI 導入が進んでいますが、中小企業ではなかなか進んでいません。これは、中小企業の特性と関係があります。ここでは、その特性を踏まえて課題を考察したいと思います。

（1）データ化されていない

　AI活用では学習や運用で利用するデータが必要です。そのためには、販売管理や生産管理などの業務がシステム化されている必要があります。そのため、まずは業務システムなどを導入してAIで活用できるデータを作ることが必要です。

　ただし、1つ間違ってはいけないことは、AIを活用するからシステム化するのではなく、自社の業務改革・改善のためにシステム化を行い、その延長線上でAI活用を考えることが重要となります。また、全社的なシステムではなく、顧客管理や在庫管理など特定の業務でシステムを活用している場合、そのデータでAI活用できる可能性があります。現在、何らかのデータがある場合は、その範囲でAI活用を検討することもいいでしょう。

　なお、不良品や野菜の判別など画像認識を行う場合は、AIに学習させる為の画像データを新たに作る（撮影する）必要があります。精度が高いAIを作るためには多くの画像データが必要なため簡単ではありませんが、画像認識に取組んでいる中小企業もあります。いずれにしても、まずはデータ化することがAI活用の第一歩となります。

（2）AIでできることがわからない

　私が現在IT経営の顧問をしている従業員数名の小売店では、小規模ながらPOSシステムを運用しています。先日社長さんに、POSシステムのデータを利用したAI活用の可能性を話したところ、「え、先生！そんなことできるのですか？」、「AIなんて高度なもの、うちのような小さい会社では関係ないと思っていましたよ！」と目を丸くして驚いておられました。スマートスピーカーや自動運転、ロボット掃除機などAIを活用した先進的な製品が次々と登場するのはよいことですが、それが逆にAIは高度なものであり、小さな会社には関係ないと思われる社長さんも多いようです。

　まずはAIでできることを理解し、自社の経営・業務課題が解決できるかの判断する必要があります。

（3）AI導入方法がわからない

　販売管理システムなど従来のITであれば、ネットで検索すれば自社に

合いそうなパッケージがいくつか見つかります。また地元の中小企業支援機関に相談に行っても対応してくれます。しかしAIの相談となると、それも難しいでしょう。AIで自社の課題を解決しようと思っても相談する相手さえ見つけることが困難で、AI導入方法が分からない中小企業が多いと思います。

　現在の大手のITベンダーはAIを積極的に導入支援していますが、その多くは大企業向けであり、中小企業向けとなると急に対応するベンダーが少なくなります。筆者はこれが大きな課題と考えており、「中小企業AI普及ネットワーク」を立ち上げて積極的に中小企業のAI相談などに対応しています。しかし、まだまだ対応できるベンダーが少ない状況です。

　ただ、現在中小のITベンダーもAIエンジニアを養成しているところがあり、今後は、中小企業向けのAIベンダーも登場してくると思われます。中小企業としては、常にその動向を注視してAIについて相談できる、自社のAIパートナー企業を見つけることが必要です。

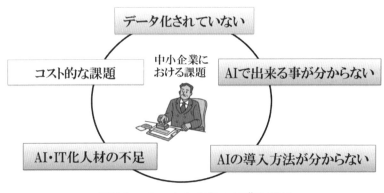

図表1-5　中小企業のAI導入課題

（4）AI人材の不足

　次にAI人材が不足していることが課題です。これはAIに限らず中小企業ではIT化人材が不足しています。ある程度の規模になればIT担当者もいますが、多くの中小企業ではITやAIの人材が不足しています。人手不足の現在、中小企業でAIやIT化人材の採用・育成は困難です。しかし、特にAI導入を行う場合、AI人材はAIテーマの設定からデータの抽出、AI

精度の検証を行う概念実証の結果確認など、AI導入において重要な役割を担います。自社で確保できない場合は、外部の専門家の協力を得ることも必要です。

　尚、このような状況の中、経済産業省や地域の中小企業支援機関も中小企業のAI人材育成に乗り出しており、今後は国の施策や支援機関の情報を常に収集し自社のAI人材育成に努めることが必要です。

（5）コスト的な課題

　最後にコスト的な課題があります。従来のITとAIの決定的な違いは、販売管理や生産管理などのパッケージソフトは、大企業向けから中小・小規模企業向けまで幅広いラインナップがありますが、AIシステムは中小企業向けのものが少ない状況です。最近ではAIベンダーが開発・販売する、チャットボット、自動翻訳ツール、Web解析ツールなどがありますが、まだまだ中小企業が低価格で利用できるAIは少ない状況です。これは先の中小企業向けAIベンダーが少ないことと関係しますが、中小企業でも導入しやすいAIシステムやAIツールが必要になってきます。

　また、後述しますがAIではシステム開発を行う前にAIの精度を検証する「概念実証」というフェーズがあります。検証の結果、精度が出ればいいですが、うまく精度が出ない時は開発を断念することもあり、そうなると概念実証にかかった費用が無駄になります。この費用が数万円程度なら中小・小規模事業者でもリスクを負えるでしょうが、数十万円から百万円以上となると難しくなります。この場合、事前に検証の専門家であるデータサイエンティストなどと十分検討し、リスクを低減して概念実証に臨むことが必要です。

　さらに、将来的には中小企業のIT化促進策として、概念実証に対する国や都道府県の補助金なども期待したいところです。

　尚、AIに限ったことではありませんが、導入のための投資額を検討する場合、投資対効果を考えることが重要です。仮に概念実証に100万円、システム開発に300万円かかるとします。これが高い安いという議論ではなく、400万円でどの程度生産性を向上させるかという効果で測ることが重要です。第6章ではAI導入における費用対効果の考え方を紹介しています。そちらを参考に検討してください。

1－3

AI 導入・活用の進め方

　中小企業において AI 導入の課題もありますが、AI は確実に中小企業の
生産性向上のための新しいパートナーとなります。ただし、パートナーと
するためには、相手のこともしっかり分かっていないといけません。AI
の詳細は次章以降に任せ、ここでは AI の概要をご説明します。

1－3－1　AI に対する誤解を解く

　近年、AI 関連の書籍が数多く出版されています。それらの書籍のタイ
トルの多くには、「ディープラーニング」、「機械学習」、「Python（パイソ
ン）」、「AI に必要な数学」などのキーワードがついています。初めて AI に
触れる方は、AI を導入するには数学的知識や難しい技術を知らないとい
けないのかと思うかもしれません。しかし、それは誤解です。確かに AI
システムを構築するエンジニアなどは、これらの技術をマスターしている
必要があります。しかし、システムを発注する中小企業では、このような
難しい技術の中身まで知る必要はありません。

　たとえば、従来の IT である販売管理システムを開発する場合、データ
ベースやネットワークの設計を行い、C# 言語などの開発プログラム言悟
を使いこなす必要があります。当然、システム開発を行う SE やプログラ
マはこれらのことができます。しかし、発注する企業としてはシステムの
仕様さえ正確に伝えることができれば、このような技術的なことは知らな
くてもよいのです。

　AI も同じです。AI で何がしたいか、どういう成果を得たいかなどの要
求を、AI システムベンダーに的確に伝えることができればいいのです。

　つまり、中小企業にとって AI の中身は基本的にブラックボックスでい
いのです。ただ、従来のシステムを発注する時に、IT のことがまったく
分かっていないと、IT ベンダーの言いなりになって高い注文書にサイン
してしまうこともあります。また、開発や運用においても自社で対応でき
なくなります。その意味から、AI もまったくのブラックボックスではなく、
多少の透明性を持たせることも必要です。本書は、AI エンジニア向けで
はなく、AI 導入を行い成果のマネジメントを行なう中小企業向けですの

で、次章以降では、発注するために必要最小限ブラックボックスを薄くする解説をしていきます。

1−3−2　AIは学習が必要

　京都は日本でも有数の観光地であり観光ガイドさんも多くいます。そのガイドさんに、京都駅から金閣寺までどう行ったらいいかと聞くと、「金閣寺には205系の市バスに乗ってください」と教えてくれます。また、紅葉が綺麗なスポットを聞くと、「嵐山や大原、東福寺の紅葉は最高です！でも人も多いのでゆっくり紅葉を楽しみたいなら、京都府立植物園という穴場もありますよ！」と詳しく教えてくれます。このガイドさんも初めからこのような情報を持っているのでなく、バスの路線系統を勉強して、実際に紅葉スポットに足を運んで状況を学習しています。

　AIも同じで、AIに何か識別や予測をさせる場合、予めデータを使って学習させる必要があります。先にデータ化されていないことが課題であると申し上げましたが、AIには必ず「学習データ」と「運用データ」が必要になります。前者は、「紅葉スポットの状況」で、後者は「紅葉スポットを聞く質問」に該当します。しっかり学習していれば観光ガイドさんもAIも適切な回答ができる訳です。AIが学習して回答をするためには、機械学習やディープラーニングという技術を使います。本書の第3章ではAI活用事例をご紹介しますが、このような技術を活用することで、事例にあるような店舗の来店者予測、製造業における不良品予測や不良品判別、チャットボットなどが実現できるのです。まずはAIを導入して活用するためには、適切な学習データが必要なことをご理解ください。

図表1−6　AIには学習が必要

1 － 3 － 3　AI の正体

　ここまでAI、AIと言ってきましたが、その正体は何でしょうか。AIでは、識別や予測などができると説明しました。たとえば、製造業では、過去の生産・不良データで学習させたAIに、明日以降の生産データを送ることで、その作業が不良になるかどうかを予測します。これはAIの予測機能を使っています。また、正常品と不良品の画像をAIに学習させることで、加工された製品の画像をAIに入力すれば、不良品かどうか判定もできます。こちらは識別（画像認識）の機能を使っています。このような識別や画像認識ができるAIを一から開発するとなると大変な作業になります。

　実は、AIシステムの場合、図表 1 － 7 にあるように、既に開発済のAIフレームワークやAIクラウドで提供されているAIアルゴリズム、AI機能を活用します。詳細は第 2 章でご説明しますが、IBM Cloud のAI機能であるWatsonやGoogle Cloud Platform、Microsoft Azure などのAIクラウドを使う方法と、TensorFlow（テンソルフロー）やscikit-learn（サーキットラーン）などのAIフレームワークを使う方法があります。これらは音声認識などのAI機能や、線形回帰などのAIアルゴリズムを提供しており、API（AIとデータ交換するルール）を使ってデータの送受信を行います。

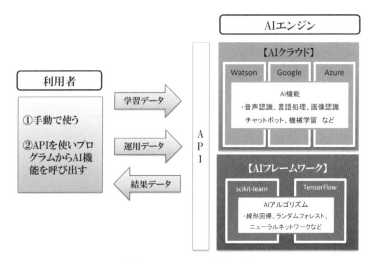

図表 1 － 7　AI の使い方

　たとえば、みどりの窓口で新幹線のチケットを買う場合、駅員さんに、「京都から東京までのぞみ150号1枚お願いします」というと、難しそうな機械を操作して1分くらいでチケットを発行してくれます。これと同じように難しい処理は、自分でやるのではなく、他の人にやってもらった方が楽です。AIも同じで識別・予測などの機能は、既に存在するソフトウェアを活用する訳です。このソフトウェアがAIクラウドで提供されるAI機能や、AIフレームワークのAIアルゴリズムに該当します。

　なお、APIとはあるソフトウェアが別のソフトウェアに何か作業を依頼する時に渡すデータのルールのことです。新幹線のチケットを買う時に、「京都から東京までのぞみ150号1枚お願いします」と言いますが、これは「乗車区間」、「新幹線の号数」、「枚数」を伝えているのです。このように何かを依頼する時に必要なデータ項目のルールがAPIなのです。

　また、アルゴリズムという言葉が出てきましたが、これは「何かの目的を達成するための方法」です。たとえば、楽しい休日を過ごすという目的を達成するためには、「家族とドライブに行く」、「野球などのスポーツ観戦にいく」、「家でゴロゴロしている」などの方法があるでしょう。「休日にドライブに行ったけど、渋滞ばかりで疲れたよ」ということであれば、「次は野球観戦に行こう」というプランを考えることもできます。

　AIも同じで不良品予測を行うという目的を達成するためには線形回帰、ランダムフォレスト、ニューラルネットワークなどの方法があります。これらをAIアルゴリズムと呼び、どれを使えば精度がでるかは、AIエンジニアの腕の見せ所となるのです。

　このようにAIは一から作るのではなく、既に開発されているものの中から、最もAIテーマを解決できるものを選択して使うことになるのです。

1－3－4　AI導入の概要プロセス

　AIの正体がわかったので、次にAIシステムの導入プロセスについてご説明します。一般に中小企業がAIを導入する方法は、次のように大きく3つあります。

①AI機能を搭載したソフトウェアを活用する
　AI機能を搭載し認識精度を向上させたOCRや、AIを活用した翻訳ソフ

トなどが該当します。従来の特定作業に利用できるパッケージソフトに
類似します。

②業種・業態ごとのAIシステムを活用する

　2章で紹介するパン屋のレジ自動化ソフトや、第3章で紹介する「ゑび
や」のBIツールなど業種業態ごとに開発されたAIシステムが該当しま
す。従来の業務用パッケージソフトに近い形態です。

③自社独自のAIシステムを開発する

　自社独自の生産性管理システムなどをスクラッチ（一から開発）で開発
するように、自社に合うAIシステムを一から開発する場合です。

　上記①は既に学習済のソフトウェアが多い為、改めて学習させる必要は
ありません。②③の場合は自社の既存システムのデータや新規に撮影した
画像データなどを使いAIに学習させる必要があります。AIを導入する場
合、③の自社独自システムを開発するプロセスを理解していれば、他の方
法を包含するため、ここでは一からAIシステムを開発するためのプロセ
スの概要をご説明します。なお、詳細は第5章で解説しますので、ここで
は後の章を読み解くにあたり必要最小限の説明に留めます。

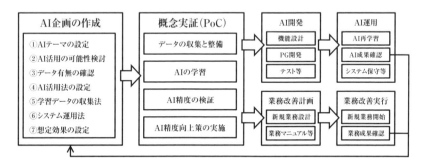

図表 1 － 8　一から開発するAI導入プロセス例

　図表 1 － 8 は、AIシステムを一から開発する場合の導入プロセスです。
AI開発・業務改善計画以降は、従来のシステム開発工程と同じですが、
その前に2つの重要な工程があります。1つはAI企画の作成で、もう1
つは概念実証です。AI導入を理解するためには、これら2つの工程が重

要になります。

（1）AI企画書の作成

　従来のIT導入でもIT化の目的やIT化の範囲、業務改革・改善内容、システム概要機能、スケジュールなどを記載したIT化企画書を作成します。

　AIの場合も基本的にこのようなAI企画を作成しますが、従来のITと違うのはAI活用の可能性の検討や、データの有無、そのデータでAIが学習できるか等の検討が必要になることです。そのためAI企画はおおよそ次の内容になります。尚、第5章ではこれらの企画を作成するためのフレームワークをご紹介していますので、ここでは、まず以下の概要を理解ください。

①AIテーマの設定（AI活用の目的）
　従来ITと同様に経営的・業務的課題の解決を目的として設定します。これがAI活用テーマになります。
②AI活用の可能性検討
　AIテーマがAIを活用して解決できるかを検討します。
③データ有無の確認
　AIテーマを実現するための学習データ及び、運用データが社内にあるかどうかの確認を行います（或いは、それらのデータを創ることができるか）。
④AI活用法の設定
　どのようにAIを活用してAIテーマを実現するかの方法を設定します。
⑤学習に必要なデータ収集方法
　上記③で確認されたデータをどのような形式で、どこから収集可能かを検討します。たとえば、既存システムからCSV形式で任意にデータを抽出できるかなどです。
⑥システム運用方法
　学習済みのAIに対して、どのように運用データを送信し、回答を得るかの運用方法を設定します。
⑦想定される効果の設定
　売上・利益を向上させる場合はその金額、業務効率化の場合は残業時間

低減数、有給休暇取得率などを効果として設定します。

（2）概念実証

　先にも申し上げましたがAI導入では、従来のITシステムにはない「概念実証」と言われるフェーズがあります。このフェーズではAIが自社の経営・業務課題を解決できるかどうかのAI精度を検証します。

　具体的には、まずAIテーマを実現するためのデータを準備して整備します。たとえば、製造業が不良品予測をする場合、作業案件毎に「担当者」、「リードタイム」、「加工材質」、「難易度」という4項目を使うと決めます。この項目のデータを数千件用意するのですが、この時、リードタイムという項目の数字に「半角1」と「全角１」が混じっていると、AIは違うデータと判別します。また、項目にデータが入っていないデータ欠損があるとうまく学習できないため、欠損項目自体を削除する作業などが発生します。データがうまく整備されていないと、このような大変な作業が発生するのです。

　データ整備ができると、次はAIの正体のところでご説明したAIアルゴリズムを選択し数学的な知識も活用して、AIの精度を検証します。不良品予測の場合、予測精度が90％以上あれば採用しますが、60％程度であれば導入を迷います。この場合は、データ項目を変えたり、データ量を増やしたり、別のAIアルゴリズムを試すこともあります。

　ちなみに、化粧品を買う時は試供品を使って、自分に合うかどうか試すことがあります。また、自動車を購入する時も試乗して、乗り心地を検証するでしょう。それと同じように、AIシステムの場合は、過去のデータを使ってAIの精度が出るかどうかを検証する訳です。自動車の試乗の場合、思った通りの乗り心地なら即購入しますが、「う〜ん、ちょっと思っていたのと違うな、でも自分の給料ならこれ以上高級なものは買えないから、これで我慢するか！」ということもあります。逆に、まったくイメージと違う乗り心地なら購入を諦めるでしょう。

　AIも同じで、不良品予測の精度が低い場合、それでもAIを導入するかどうかは重要な経営判断になります。

　AIはブラックボックスでいいと申し上げましたが、実はそれは概念実証やAIアルゴリズムの中身のことです。識別・予測を行うAIアルゴリズ

ムの中身や概念実証におけるデータ解析などは、データサイエンティストという専門家に任せておけばよく、中小企業としてはその中身まで知る必要はありません。ただし重要なことは、AI導入では概念実証という工程があり、この工程でAI精度が決まる、そしてそれを受けてAIを導入するかどうかを経営判断として決定する。これについては充分理解しておく必要があります。

　中小企業がAI導入を行う場合、ブラックボックスの中身を知るよりも、AIでできることを理解し自社の課題を設定する、そしてAI導入プロセスについても理解し、AIシステムベンダーと協力しながら概念実証を行いAI導入の判断を行う、これがAI導入のポイントになります。

　さて、AI導入プロセスの上流工程であるAI企画の作成と概念実証について概要をご説明しましたが、ここで重要なことがあります。それは、AIシステムが稼働した後に当初の成果が出ているかの検証を行い、成果を出すためのマネジメントを行うことです。

　図表1-8を再度見てください。ここでは、「AI運用」と「業務改善実行」から「AI企画の作成」に矢印が出ています。これは、AIシステムを導入して業務改善を実行した後に、その成果を確認します。もし当初計画した成果が出ていない場合は、AI精度の問題なのかデータの問題なのか、運用の問題なのかなどを検証して改善活動を行います。

　AIに限らず企業が成果を出すための計画を作って実行する場合は、人・物・金・情報の経営資源を上手く活用するマネジメントが重要になります。AIの場合も同様にAI企画通りのシステムを開発・運用して当初の計画達成という成果を出すために、AIプロジェクトの中で納期・コスト・品質管理を行い、さらに業務改善のために人や組織を動かすことが必要になってきます。

1-4
AI導入における4つの領域と中小企業

　ここまで中小企業がAI導入するための最初のステップとして、AI導入の課題や導入プロセスの概要についてお話ししました。本章の最後に、図表1-9にあるように、AIを導入する時に存在する4つの領域をご紹介し

て、中小企業に必要なAI知識等についてご説明します。

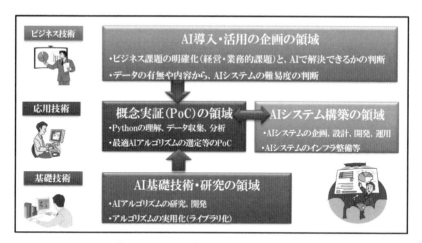

図表1−9　AI導入における4つの領域

（1）AI基礎技術・研究の領域

　最初に、AIの基礎技術を研究開発する、エンジニアや研究者の領域です。ここでは、AIアルゴリズムの研究やそれを実用化するためのAIフレームワーク、AIクラウドなどを開発しています。有名なところでは、googleやIBM、Microsoft、Amazonなどがあります。これは、従来の生産管理や販売管理システムで言えば、データベースやシステム開発環境、プログラム言語などを開発して提供する企業群に該当します。

　AIシステムを作る場合、ここで開発されたAIフレームワークやAIクラウドを活用することになります。

（2）概念実証（PoC）の領域

　次に概念実証の領域です。先にご紹介したようにAIの精度を検証するフェーズです。ここでは、AIアルゴリズムなどを使い、学習データでAIを学習させます。そして、試験的に予測等を行いAI精度の検証を行います。精度検証を行うためには、AIアルゴリズムの知識や、微分、偏微分、線形代数などの数学的知識に加え、PythonというAIに適したプログラム言語が使える必要があります。数学やプログラムはちょっと苦手だなと言わ

れる方には向いていない領域になります。でも心配ありません。先にAI
はブラックボックスでいいと申し上げましたが、この領域には、データサ
イエンティストというデータ解析の専門家がいます。この専門家に任せて
おけば、自社のデータを使って検証をしてくれます。

（3）AIシステム構築の領域

　さらに、AIシステム構築の領域があります。ここでは、データサイエ
ンティストの検証結果をうけてAIアルゴリズムやAI機能を使い、実際の
AIシステムを開発します。

　たとえば、チャットボットの場合、AIクラウドの機能を使ってチャッ
トボットを作り精度を検証するのは、概念実証におけるデータサイエン
ティストの仕事ですが、それを実際にホームページなどに組み込んで利用
できるようにするのが、AIシステム構築の領域になります。実際はAIシ
ステムベンダーが対応します。なお、AIシステムベンダーの中にデータ
サイエンティストがいて、概念実証からシステム構築まで請け負うところ
もあれば、概念実証だけ行う、或いはAIシステムだけ開発するところも
あります。いずれにしても、自社にあう専門家や企業を選んで依頼する必
要があります。

（4）AI導入・活用の企画の領域

　最後に、AI導入・活用の企画の領域ですが、ここでは中小企業が自社
の経営・業務的な課題を抽出して、それがAIでできるかどうかの判断や、
データの有無、内容を検証する領域です。先のAI企画を作成する領域に
なるため、この領域は主にAIシステムを発注する中小企業が担当します。
なお、本領域については第5章で詳しく説明します。

　AI導入・活用ではこのような4つの領域がありますが、専門用語もあっ
て、初めての方には分かり難いと思いますので、美味しいカレーライスの
作り方に例えて、4つの領域を再度お話しします。

　たとえば、今晩の夕食に美味しいカレーライスを食べたいと考えまし
た。いろいろ考えていると、フードコーディネータが、「今日は仕事でお
疲れのようですので、少し辛いパンチのきいたビーフカレーはどうでしょ

うか？」と言いました。それを聞いたあなたは、自分にぴったりだと思い、そのカレーに決めました。ここが、「AI導入・活用の企画の領域」に該当します。

　それを受けて、今度はカレーのレシピづくりの専門家が、美味しいカレーの材料を選び試行錯誤の結果、貴方にあうカレーのレシピを作ってくれました。ここが「概念実証の領域」になります。

　さらに、そのレシピを見てカレー作りの専門家が、実際にカレーを作りました。ここが「AIシステム構築の領域」になります。この時、野菜やカレーの材料、美味しい牛肉を提供してくれる生産者が必要です。AIでいうとこれは、「基礎技術の研究開発の領域」に該当する訳です。

　つまり、自分にあった美味しいカレーライスを作る場合、次のようになります。

・自分に合ったメニュー決める（AI導入・活用の企画の領域）。
・試行錯誤をして、そのレシピを作る（概念実証の領域）。
・レシピ通りのカレーを作る（AIシステム構築の領域）。
・さらに厳選された材料を使う（AI基礎技術・研究の領域）。

　これが自分に合ったカレー作りに必要で、AIではこのような4つの領域になるのです。自分に合ったカレーが何かは自身でも決められます。しかし、レシピ作りや実際のカレーを作る、また美味しい材料を自身で揃えるのは難しいでしょう。

　これと同じように、中小企業では、AIの基礎技術の研究開発や概念実証、AIシステム構築は難しいですが、自社の課題の抽出や、AI活用の方法などは検討できます。また、概念実証の領域はブラックボックスでもいいのですが、ここで何をやって、どのようにデータ解析するかの方法論程度は知っている必要があります。

　これらのことを念頭におきながら、本書を読み進めて頂ければ、中小企業におけるAI導入法が理解できると思います。

Column 1
真の生産性向上と金箔ソフト

いきなりですが、ここでクイズを出してみたいと思います。

・A社（中小製造・販売業）は、ある特殊な製品をオーダーメイドで製作・販売しています。

・A社では、その製品をWebでプロモーションしています。

・見込客は、Webから見積依頼を出します。

・営業担当者は、1件30分程度かかる見積を1日に20件以上作ります。

・その後の受注率は約30％程度です。

さて、このA社営業業務の生産性を向上させる為には、どうすればいいでしょうか？本書のテーマはAI活用ですので、見積を作成するAIや、過去見積の検索を行うAIなどを考えるかもしれません。

しかし、A社営業が最も生産性を向上させる方法は、「元々注文してくれる30％の見込客だけから見積依頼が来るようにする事」なのです。受注率が30％ということは、残りの70％は見積を作っても受注できない、つまり無駄な仕事をしている訳ですから。

でも、そんなことできないよ！という声が聞こえてきそうです。実は、これは私の顧問先で実際にあった話なのです。

A社は、製品を1つからオーダーメイドで制作して販売しており、Webから見積依頼を得ています。しかし、Web上にはその製品の価格例が表示されていません。ですので、見込客は、「とりあえず、一度見積を取ってみて、金額みてから考えよう」という感じで気軽に見積依頼をするのです。

そこで私が、Web上に金額を表示するように指導したところ、見積依頼の件数は減りましたが受注金額はほぼ同じでした。見事に営業の生産性が向上した訳です。

ちなみに、京都の金閣寺の近くでは、通常は1つ300円程度のソフトクリームに金箔を1枚はった「金箔ソフト」なるものを売っています。価格は950円です。仮に通常のソフトクリームと同じ数だけ売れると、単純計算ですが生産性が3倍になります。

本書ではAIは、中小企業の生産性向上のパートナーと言っていますが、実はAIなんか使わなくても、A社営業や金箔ソフトのように生産性を向上させる事ができます。AI活用の前に、業務改善や商品の付加価値向上を考える事も重要なのです。

第 2 章
AIでできることを知る

AIを導入し活用するためには、自社の経営・業務的課題がAIで解決できるか判断する必要があります。そのためには、AIでできること、AIでできないことを的確に理解している必要があります。AIシステムを発注する中小企業では、AIの技術的なことはブラックボックスでも大丈夫です。しかし、AIを具体的にどのように使うのか、どのように作るかの概要は知っている必要があります。

本章では、AIでできることを中心に解説します。そして、実際にAIを使う方法としてAIクラウドやPythonによるAIアルゴリズムの使い方などをご紹介し、AIのブラックボックスを少しだけ薄くします。

2-1
こんなことがAIでできる

2-1-1　AI脅威論と身近なAI

　第1章でAIを思い浮かべた時に、鉄腕アトムやドラえもんのような万能ロボットをイメージした方もおられるかと思いますが、残念ながら現時点ではそのような汎用的なAIは実現していません。AIはロボットの脳に当たる部分、知的処理を実現するアルゴリズムが該当し、ロボットの手足の動作は機械的な仕組みです。つまり、研究領域として「AI」と「ロボット」は明確に分かれているのです。しかし、第3章で野菜の収穫ロボットの事例もご紹介するように、AIとロボットを融合させた事例も登場し始めています。AIはこのようなロボットを融合させた応用研究や、それ以外の分野でも目覚ましい発展を遂げています。

　一方で、AIが私たちの生活を脅かす負の側面でとらえる見方が「AI脅威論」として語られています。

　2013年9月に機械学習を専門とするオズボーン氏と経済学を専門とするフレイ氏が共著で発表した論文「雇用の未来」では、米国においてAIが実用化された結果無くなる仕事が予想されています。それを受けて株式会社野村総合研究所は日本の労働人口の49％が人工知能やロボット等で代替可能になるという試算を2015年12月に発表しました。

　また、未来学者で実業家のレイ・カーツワイルは2005年の著作でシンギュラリティー（技術的特異点）の到来について予見しています。シンギュラリティーとはAIが自分自身よりも賢いAIを生成できることで、人間の知能をはるかに超える存在になるという仮説です。同氏の主張ではこうしたシンギュラリティーが実現するのは2045年ごろという近未来とされていますが、その予想には特段の根拠はないとも言われています。

　このようなAI脅威論がありますが、AIは私たちの生活の様々な場面で実用化され、私たちは知らないうちにそれらサービスの恩恵を受けていることも事実であり、自動掃除機、自動運転、接遇ロボット、インターネット検索エンジン、スマートスピーカー等、それらサービスの情報処理の部分にAIの技術が応用されています。

　2015年に囲碁の世界トップ棋士イ・セドルに4勝1負で勝利したアルファ碁のニュースを記憶している方もおられるのではないでしょうか。これは、チェスや将棋と比べて打ち方のパターンが桁違いに多くコンピュータが勝つのが難しいと考えられていた囲碁に、ディープラーニングの技術を応用したものです。

　生活に密着したAIを応用したサービスとしてはIT大手各社からスマートスピーカーが発売されており、口頭で指示をすることで照明のオン・オフ、ラジオの再生、気象ニュースの照会からちょっとした雑談までできるものになっています。一方でわざわざ音声入力で指示するのがわずらわしいということで買ってはみたものの実際は使われずに放置される、というケースもあるようで、物珍しさと比較的安価に導入可能であることからある程度普及はするものの、実際に役に立っているかどうかは疑問符が付くという側面も見られます。

　また、身近なところではAmazonの関連購買をおすすめするアルゴリズムにもビッグデータ分析のAIが用いられています。そして、公的セクターのAIサービスのユニークな例として、横浜市はごみの名前を入れるだけでごみの分別の方法などを回答するAIチャットボットサービス「イーオのごみ分別案内」を提供しており、2019年には粗大ごみの写真を送ると瞬時に手数料を算出する機能を実装しました。

　AIが私たちの身のまわりに登場している中で、企業においてもAIの導入が始まっています。独立行政法人情報処理推進機構が刊行した2019年のAI白書によれば、AIの利用状況について26業種5,000事業者に対して実施した「経済産業省情報処理実態調査」の結果、有効回答数364社のうち「導入している」と回答した比率は3.1％（11社）であり割合からすると大きくはありませんが、特に予算規模が大きな大企業から導入されています。また、「利用に向けて検討を進めている」、「これから検討をする予定である」、「関心はあるが特に予定はない」を合計すると約9割の事業者がなんらかの関心を持っており、今後、ますますAIの導入が進むことも予想されます。

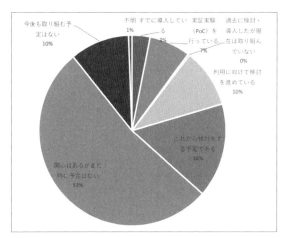

図表 2 − 1　アンケート調査結果

出典：AI 白書 2019

　　また、図表 2 − 2 は同じく AI 白書で紹介されていた、「AI の実用化が進んでいる産業分野と影響を受ける作業」です。これを見ると、多くの産業分野で AI の実用化が進むことで人が担ってきた作業が不要になる、もしくは劇的に変化すると予想されていることがわかります。

分　野	業　務
製造業	目視での検査、モニタリング、部品の選定、不良品予測等
自動車産業	運転代行、車中での過ごし方等
インフラ	地質調査、物流最適化、異常検出等
農業	作物の生育管理、害獣監視、不良品の選別、農薬散布・堆肥の最適化等
医療・介護	画像診断、創薬、在宅医療者のケア、シフト管理等
防犯・防災	不審者・万引き監視、災害予測等
エネルギー	電力最適化、送電線の点検、油田の探索等
教育	採点、教育最適化、シフト管理・リスト作成等
金融業	不正検出、書類の確認などの審査、窓口業務等
物流	無人宅配、衝突回避、積荷の最適化等
流通業	来店者属性調査、陳列、レジ作業等
行政	文章作成、住民振り分け、問い合わせ対応、書類の不備の確認等

図表 2 − 2　AI の実用化が進んでいる産業分野と影響を受ける作業

出典：AI 白書 2019

　ちなみに、東大合格をめざした「東ロボくん」プロジェクトのディレクターで数学者の荒井紀子氏の著書「AI vs. 教科書が読めない子供たち」はベストセラーとなりましたが、その中で、AIに人間の仕事が代替されつつある現状では教育の在り方を見直すことが急務であると警鐘を鳴らす一方で、イノベーションにより新しい産業が生まれることも示唆しています。

　AIにより代替される業務がある一方で、新しく創出される業務もあります。経営資源の限られた中小企業において、AIでできることをAIに任せ、人は人にしかできない業務に集中する、このような役割分担を実現することが生産性向上の道筋につながります。

2-1-2　AIでできること・できないこと

　第1章では課題解決のためにはAI活用の企画が必要と説明しましたが、企画を立案するにはAIでできることを理解している必要があります。そこで、本節では具体的にAIで何ができるのかを解説します。

　AIでできることは、端的にいえば論理的に記述できる判断、分析、予測などであり、現在の主な応用分野としては画像識別、言語識別、音声識別、予測分析、制御・生成等があります。

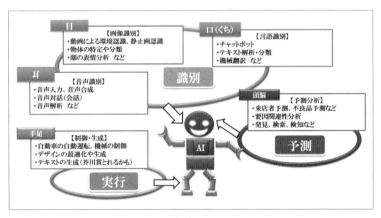

図表2-3　AIでできることのイメージ

　「画像識別」とは写真に表示された動物や犬を識別するもので、不良品検知や通行人の調査等に応用されます。

　「言語識別」とは単語の意味や文章表現を得るもので、自動翻訳等に応用されています。

　「音声識別」とは音声をもとに文字データへ変換するもので、録音データの文字起こしやスマートスピーカーへの音声入力等に応用されています。

　「予測分析」とは過去のデータをもとに将来の結果を予知するもので、製造ラインでの不良品の発生や小売店での来店者数などの予測に応用されています。

　「制御・生成」には、アルファ碁が世界トップ棋士に勝利する打ち手を学習するのに用いられた強化学習があり、ひとつひとつの行動に正解は無いものの最適な結果を実現するための行動を習得してロボットの歩行やピッキングなどに応用されています。また、第5章で解説するGAN（Generative Adversarial Networks = 敵対的生成ネットワーク）という技術を応用して現実を模した偽物の画像を生成する、アニメキャラクターのコンテンツ生成などクリエイティブ分野で応用される画像生成技術等もあります。

分　野	概　要	応 用 分 野
画像識別	写真、動画の画像から人物や記号の識別を行う	不良品検知、通行人調査、野菜等の選別、自動運転等
言語識別	単語の意味、文章表現を得る	チャットボット、自動翻訳
音声識別	音声を文字データに変換	議事録自動作成、スマートスピーカーの音声入力
予測分析	過去のデータをもとに将来の結果を予測	製造ラインでの不良品予測、小売店での来店者数予測等
制御・生成	強化学習や画像生成等	ロボットの歩行、ピッキング、アニメキャラクターなどのコンテンツ生成

図表2-4　AIでできること

　一方、AIでできないことは、取組むべき課題の範囲を自律的に設定して対応するようなことで、そのような汎用的な能力は実現していません。流し込むデータと実現すべきアウトプットを設計し、学習モデルを作り込む段取りは人間が行う必要があります。

　これについて、「フレーム問題」といわれる「人口知能において、今、しようとしていることに関係のある事柄だけを選び出すことは非常に難しい」という考え方があります。フレーム問題は1969年にジョン・マッカーシーとパトリック・ヘイズが論文で発表しました。ダニエル・デネットがわかりやすい例として「洞窟の中から時限爆弾をのせたバッテリーを取り出すロボット」で説明をしています。洞窟の中にロボットを動作させるバッテリーがあり、その上に時限爆弾が載っている、という状況があり、「洞窟からバッテリーを取り出す」という課題をロボットに与えます。そのままバッテリーを運び出しては同時に持ち出した爆弾が爆発してしまうため周囲の状況も判断して行動するようにと指示すると、様々な状況を考慮するのに無限の計算時間を要して行動ができなくなってしまう、というものです。

　また、ディープラーニングを用いた学習済モデルは従来のプログラムのように言葉で説明することが困難な「ブラックボックス」であるという特徴があります。たとえば、従来であれば入力した数値が2で割り切れれば「偶数」、2で割り切れなければ「奇数」と返す、などと説明することができますが、写真データを読み込み「猫かどうか」を識別する学習済みモデルについて、どのような論理的演算が行われているかを説明することは極めて困難です。とはいえ学習済モデルは、非常に複雑ではあるもののすべてプログラムで記述されていることに変わりはありません。逆にいえば、プログラムで記述できない内容は実現できない、ということになります。現時点で、自律的に思考し、行動する汎用的な人工知能が実現されていないのもそのような理由によります。

2−1−3　既存のAIサービスでできること

　第3章で事例を紹介していきますが、中小企業においても自社でAI機能を活用したシステムを開発し、経営の中で活用していくということが起きています。経営資源が限られている中小企業にはハードルが高く大企業に比べると実績としてはまだ少ないですが、実現に成功すれば有力な差別化の要素となります。

　第1章でも述べていますが、AIを導入するにあたっての中小企業の課題としては、「データ化されていない」、「AIができることがわからない」、「AI

の導入方法がわからない」、「AI・IT化人材の不足」、「コスト的な課題」が
あります。本書を通じてAIについての情報を収集し、アンテナを高くし
てAIベンダーや大学等研究機関、中小企業支援機関とのネットワークを
構築することで克服できる課題もあります。

　また、これはAIに限ったことではなくITシステムの構築や社内プロジェ
クトの実施における要点と共通ですが、AIシステムを開発するには明確
なゴール設定が必要です。そのために自社のデータ収集・活用状況の棚卸
を行い、社内キーマンを含むプロジェクトチームの組成、スモールスター
トによる仮説検証を行います。

　政府がAI活用を重点分野として掲げているため、様々な施策が打ち出
されており、それらの認定・補助事業にエントリーするというのも有効で
す。採択されれば低利融資や補助金等のメニューを活用することができま
す。出版時点（2020年6月）のメニューとしては「ものづくり・商業・サー
ビス生産性向上促進補助金」（所謂ものづくり補助金）、「商業・サービス競
争力強化連携支援事業」（同新連携支援事業）、「戦略的基盤技術高度化支援
事業」（同サポイン事業）などがあります。詳細は中小企業庁のウェブサイ
ト等でご確認いただけます。

　また、様々な領域で既に実用化されているAIを活用したサービスを使っ
て経営改善を行う方向性もあります。クラウド会計システムやレジでの画
像解析による自動計算サービス、AIによる契約書チェックサービス、自
動翻訳サービスなど、サービス提供事業者としてもしのぎを削っている分
野のため、あえて自社開発はせずにツールとして導入する、という判断も
場合によっては有効です。なお、これは第1－1－4で説明した「AI機能
を搭載したソフトウェアを活用する」に該当します。

名　称	サービス概要	AI応用分野	提供企業
BakeryScan	パン店におけるレジの自動計算、業務効率化サービス	画像識別	株式会社ブレイン
アロバビューコーロ	画像認識による来店客数・客層分析ツール	画像識別	株式会社アロバ
みんなの自動翻訳@TexTra®	ニューラル・ネットワークを用いた高精度自動翻訳	画像識別	国立研究開発法人情報通信研究機構
YAYOI SMART CONNECT	レシート・領収書の読み込みから仕訳までを自動化	画像識別予測分析	弥生株式会社
スマートOCR	AIを用いた高精度認識OCR	画像識別言語識別	株式会社インフォディオ
AmiVoice® Keyboard	製造・物流業界向けのハンズフリー音声入力	音声識別言語識別	株式会社アドバンスト・メディア
AI-CON	AIによる契約書チェックサービス	言語識別予測分析	GVA TECH株式会社
TOUCH POINT BI※第3章で詳述	ビッグデータAI解析による店舗経営見える化	予測分析	株式会社EBILAB
Crypko	アニメ、ゲーム等のアニメキャラクターを無限に生成	制御・生成	株式会社 Preferred Networks

図表2-5　AIを活用したサービスの一例

2-2
既存のAIクラウドサービスを使う

　AIでできることについてご説明しましたが、ではこのようなAIはどのようにして作ればいいのでしょうか。第1章で概要を説明しましたが、AIの作り方には大きく分けて、①AIクラウドを使う、②Pythonなどのプログラム言語を使う2つの方法があります。ここでは、まずAIクラウドの種類やできることについて解説します。尚、これは1-1-4で説明した「③自社独自のAIシステムを開発する」ケースに該当します。

2-2-1　一般的なAIクラウドサービスの概要

　一般的にクラウドサービスとは、利用者がPCにソフトをインストールしたりデータを保管したりせずに、Webブラウザなどを用いてインターネット経由でサービスを利用することができるサービスです。メリットと

してはタブレットや PC、スマートフォンなど様々な端末からでも接続可能なため利用者の環境に応じて柔軟な利用形態をとることができ、また、月額の定額課金や従量課金での契約により買い切りに比べて比較的少額の予算からでも利用可能、試用期間は無料なものも多く実際に導入して活用可能かをトライアルすることができることです。

なお、クラウドサービスは利用形態においてメールシステムやグループウェア、会計管理などのソフトウェアを提供する SaaS（Software as a Service）、アプリケーションサーバやデータベースなどのプラットフォームを提供する PaaS（Platform as a Service）、デスクトップ仮想化や共有ディスクなどのハードウェア機能を提供する IaaS（Infrastructure as a Service）などに分類されます。

2 − 2 − 2　AI クラウドを利用する

クラウドサービスの中でも AI 機能を利用できるものを「AI クラウド」といい、従来のクラウド市場の規模を 2 倍にするといわれています。AI クラウドでは学習済みの API（AI を利用するときのデータ交換ルール）を提供していますが、ユーザーとしては AI クラウドを用いてシステムを構築すると、その後乗り換えることが容易ではなくなります。そのため、グローバル IT 企業はシェア獲得にしのぎを削り、新しいサービスを実装しています。

一方、AI クラウドを利用する立場としても利用後に乗り換えることが容易ではないということには留意が必要です。

アメリカの Synergy Research Group の調査（2019 年 10 月 29 日に同社 HP で 公表）によれば、全世界でのクラウドサービスのシェアは Amazon の提供する AWS（Amazon Web Service）、Google の提供する GCP（Google Cloud Platform）、Microsoft の提供する Microsoft Azure がトップ 3 を占めています。

2 位以降を大きく引き離し 4 割のシェアを占めているのは Amazon Web Service です。サービス提供は 2006 年からでトップ 4 のクラウドサービス中では最も古く、取り扱っているサービスの幅広さでは随一です。また、SageMaker というノンプログラミングで機械学習を実装できるサービスも提供しています。

　Microsoft AzureはMicrosoft製品との連携が容易なところが利点の一つでもあります。特徴としては、リージョン（クラウドサービスのリソースが収容されているデータセンターの物理的な場所）の数が多いということで、一般的にはリージョン数が多いほど遅延が起こりにくくなるといわれています。第3章の事例で紹介するゑびやが活用したことでも知られています。

　GCPはGoogleの提供するクラウドサービスで、Googleが提供する検索や地図サービスなどに裏打ちされたビッグデータ解析、大量のトラフィックを支えるインフラがサービスの土台となっています。GoogleドライブやGoogle Mapなど、Googleサービスとの連携が容易というのも利点のひとつです。

　後ほど詳述しますが、GCPにはCloud AutoMLという、ノンプログラミングで機械学習モデルを構築できるサービスがあります。画像識別ができるAutoML Vision、言語識別ができるAutoML Natural Language、AutoML Translasionなど、各応用分野のサービスが提供されています。

　IBMの提供するIBM Cloudは2018年には世界4位だったものの2019年にはシェアが減少し、ランクから外れてしまいました。とはいえ医療診断等で先進的な取組みをしてきたAIサービス「Watson」など機械学習に関するAPIを多数提供しており一定の知名度があります。また、IBMが従来型のオンプレミスによる基幹業務システムを構築してきた実績も豊富なことから基幹システムをクラウドに移行したいというニーズにも対応しています。

AIクラウド	特　徴
Amazon Web Service（AWS）	豊富な実績、網羅的なサービス
Microsoft Azure	Microsoft製品との連携、Azure Marketplaceアプリの活用
Google Cloud Platform（GCP）	Googleのインフラ、Googleの諸サービスとの連携
IBM Cloud	Watsonとの連携、業務基幹システムとの親和性

図表2－6　代表的なAIクラウドの特徴

　なお、AIクラウドを使ってシステムを構築する際に、IoTデバイス等にAIの学習モデルを実装することを「エッジAI」といいます。IoTデバイス

からクラウドに送受信するデータ量を軽量化、最適化することでシステムのレスポンスを改善、遅延をなくすことができます。

　たとえばAIクラウドで学習済みモデルの作成を行い、エッジAIにモデルを送信、IoTデバイス上で画像認識処理を行い現場で処理を行うケースがあります。自動車の自動運転では前の車を認識するのに時間がかかると衝突する可能性があります。この場合、エッジAIを使うとAIクラウドと通信することなく早く認識処理ができるため、安全性が高まります。また、製造業の現場で不良品判定のための画像データなどをIoTで収集し、それをAIクラウドへ送信する場合、IoTデバイスの数が多いと通信速度が低下します。そのため、なるべく現場でAI処理を行おうとするのがエッジAIなのです。こうした仕組みは、Raspberry Pi（ラズベリーパイ）をIoTデバイスとして用いて実装することが考えられます。

　IoTデバイスで取得可能なデータが膨大なものとなるため、実際のAIクラウドの活用ということでは、クラウド側ですべての処理をするのではなく、エッジAIと組み合わせることで全体最適を実現できます。

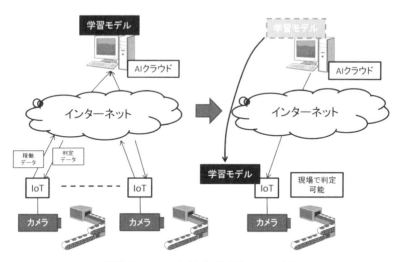

図表2－7　クラウドAIとエッジAI

2-2-3　AIクラウドを活用してみよう

　先述したとおりAIクラウドにはいくつかありますが、ここではIBM Cloudで活用できるAI機能をご紹介します。

　図表2-8はIBM Cloudで提供するWatsonのAI機能の一覧です（無料で利用できるLiteプラン）。2-1-2「AIでできること・できないこと」で整理した機能と照らし合わせると、Speech To Text、Text to Speechなど音声識別の機能、Language Translator、Natural Language Understandingなど言語識別の機能、Visual Recognitionなど画像識別の機能について学習済みのAPIを提供しており、AIシステムを構築する中で活用することができます。

　なお、AWSやGCP、Microsoft Azureでも、程度の差こそあれ同じようなAIの基本機能を実装したAPIを提供しています。

AI機能名	主な用途	概　要	備　考
Watson Assstant	チャットボット	予め問合内容とそれに対応する回答を設定する事でチャットボットが作れる。APIを利用してWebやLINEでも利用できる。	月に1万メッセージまで無料
Speech to Text	音声認識	APIを使い音声ファイルをアップロードすると、音声を認識してテキストに変換する。	月に500分まで無料
Text to Speech	音声合成	APIを使いテキストをアップロードすると、内容を認識して音声ファイルにする。	月に1000文字まで無料
Language Trasnlator	言語翻訳	統計的機械翻訳技術とニューラル・ネットワークを利用した、会話や文章を翻訳できる。ユーザー辞書を登録する事でカスタム翻訳モデルが作れる。	月に100文字翻訳まで無料
Natural Language Understanding	言語処理	自然言語処理を利用してテキストから、感情や考え方、単語の属性、構文などを分析する。	月に3000件までの分析は無料
Visual Recognition	画像認識	既に一般的な画像は学習済でありすぐに利用できる。不良品判別などの固有の画像も少ない枚数で短時間に学習できる。	月に1000イベントまで無料
Tone Analyzer	感情分析	言語分析処理にり、文章から、怒り、不安、喜び、悲しみなど人の感情を分析できる。	月に2500件のAPI利用まで無料
Personality Insights	価値分析	テキストから個人の特性（性格、商品の好み、価値観など）を分析する。顧客対応などに応用される。	月に1000API呼び出しまで無料

Compare and Comply	文書理解	表や PDF の構造を理解して（ヘッダー部分やデータ部分など）、その構造や項目に記述されている内容を出力する。	月に20文書まで無料
Discovery	文書等探索	文書を登録する時に自然言語処理により内容を理解して、内容情報の登録ができる。検索時には、その情報を使うため高度な検索が可能となる。	月に1000文書まで無料
Knowledge Studio	業界知識学習	テキストに特化した機械学習の支援ツール。テキストからキーワードを抽出して登録された関連ルールに基づきキーワードの関連を学習する。	–
Machine Learning	機械学習	Watson Studio と連携して機械学習によるAI モデルが作成できる。直観的なダッシュボードでモデルを簡単に管理できる。	月に5モデルまで無料など
Watson OpenScale	AI 活用環境	API を活用したアプリケーションの管理環境を提供する。	–
Watson Studio	統合開発環境	プロジェクトを作り、他のメンバーと情報共有したり、データを取り込み機械学習などができる。AI システムを開発する統合環境を提供する。	–
Knowledge Catalog	データ準備環境	AI システム開発プロジェクトで利用するファイルやデータを管理できるプラットフォーム。プロジェクト内でファイル等を共有する事もできる。	–

図表2－8　Watson のサービス一覧
（https://cloud.ibm.com/ の AI 機能より作成）

　たとえば、図表2－8の「Personality Insights」は、IBM Cloudが提供するAI機能の中でも特徴的な、文章をもとに人の感情や嗜好を診断する性格診断サービスです。

　本サービスを利用する場合、Personality Insightsのデモサイト（https://personality-insights-demo.ng.bluemix.net/）でテキストを入力するか、Twitterアカウントを入力すればすぐに結果を得ることができるため、非常に簡単に試すことができます。

カテゴリー	内　容
ツイート分析	サンプルのTwitterアカウント（@Oprah、@KingJames、@DonFranciscoTV、@pontifex_es、@trikaofficial、@faridyu など）を選択し、それぞれに対しての性格分析の結果が得られる。
テキスト入力	バラクオバマのガンジーのスピーチ、夏目漱石の道草などのサンプルや、任意のテキストを入力すると性格分析の結果が得られる。
あなたの Twitter による分析	任意のTwitterアカウントを入力すれば性格分析の結果が得られる。

図表 2 － 9　IBM Cloud Personality Insights のデモサイトの概要

　テキストやTwitterアカウントを入力すると、性格診断の結果は総合的な評価の他、知的好奇心、誠実性、外向性、協調性、感情起伏、調和、変化許容性などの指標をもとに該当度合いをチャートで提示されます。こうした簡易な性格診断の指標はチームビルディングなどの組織構築、ユーザー分析などのマーケティング分野にも応用することが期待できると言えます。

項目	内　容
結果	結果の概要
傾向	代表的な傾向についての解説
評価指標	以下のそれぞれについて、該当度合いを％で表示 ・知的好奇心（大胆性、芸術的関心度、情動性、想像力、思考力、現状打破） ・誠実性（達成努力、注意深さ、忠実さ、秩序性、自制力、自己効力感） ・外向性（活発度、自己主張、明朗性、刺激希求性、有効性、社交性） ・協調性（利他主義、協働性、謙虚さ、強硬さ、共感度、信用度） ・感情起伏（劇場的、心配性、悲観的、利己的、自意識過剰、低ストレス耐性） ・変化許容性（現状維持、変化許容性、快楽主義、自己増進、自己超越） ・調和（挑戦、親密、好奇心、興奮、調和、理想、自由主義、社会性、実用主義、自己実現、安定性、仕組）

図表 2 － 1 0
IBM Cloud Personality Insights のデモサイトでのフィードバック項目

　次に、GCPですが、先のIBM-Watsonと同じようなAI機能のメニュー

を提供しています。ここでは、その中からWebサイトでデモが公開されているGoogle Cloud Vision AIの画像認識を試用してみます。こちらも非常に簡単で、Google Cloud AutoML VisionのWebサイト（https://cloud.google.com/vision/）にアクセスし、Webサイトを下にスクロールして「Try the API」に任意の写真をアップロードし、学習済みAPIが写真から画像内の顔の範囲や表情から喜怒哀楽の感情が検出するなどの機能を体験することができます。たとえば笑顔の写真であれば、「Joy = 喜び」の属性が高く判定されます。

機　能	概　要
事前定義されたラベルを使用した画像の分類	事前トレーニング済みのモデルが事前定義済みのラベルの膨大なライブラリを活用する
オブジェクトの検出	オブジェクトの場所と数を検出する
顔の検出	顔の検出と表情の属性の検出を行う
著名な場所と製品ロゴの識別	著名なランドマークや製品のロゴを自動的に識別する
コンテンツの管理	画像に含まれるアダルト コンテンツや暴力的コンテンツなどの不適切なコンテンツを検出する

図表2−11
Google Cloud AutoML Vision の学習済み API 機能の例

　Google Cloud AutoML Visionを用いればノンプログラミングで画像データにラベル付けをした教師データをもとに学習させることができます。これにより、上記のデモのような分類機能を独自に構築することができます。

　Googleのウェブサイトでは、実際にAutoML Visionを活用して不動産会社がアップロードした物件の画像をキッチン、外観、バスルームなどと自動に分類する仕組みを構築した事例やメルカリでブランド品を分類している事例等が紹介されています。また、ラーメン二郎では店舗によりラーメンの盛り付けが違うのですが、その違いを識別するなどのユニークな事例も掲載されています。

　以上見てきた通り簡易に試用できる基本的なクラウドによるAI機能を各社が提供しており、これらのAPIを本格的に活用すれば画像認識、言語認識、音声認識、予測分析、制御・生成などのAIの機能を自社システム

に実装することが可能です。提供サービスは各社しのぎを削っており毎年のように新しい機能が実装されていますので独自に情報収集、もしくはAI活用の得意なAIベンダーをパートナーとして効果的な活用法を用途に応じて模索してみてください。

2-3
プログラムによるAIの作り方

　2-2ではクラウドを活用したAIクラウドの使い方を解説してきましたが、主に既にできあがったAIについての話でした。この項ではAIシステムを自社に導入するもうひとつの方法として、プログラムを使ってAIを作る方法について解説していきます。ここでの話は第1章でご説明した、AI導入プロセスの概念実証フェーズに該当します。

　なお、本書ではAIの中身はブラックボックスでいいと申し上げていますが、まったくのブラックボックスでは不安な面もあります。ですので、ここではプログラムを使ってAIを作る方法を知って頂き、ブラックボックスを少し薄くしたいと思います。

2-3-1　Python（パイソン）について

　プログラミング言語には、BASIC・FORTRAN・COBOL等たくさんの種類がありますが、それぞれに得意分野が存在します。初心者向けの言語や科学計算を得意とする言語、事務処理を得意とする言語など、それぞれの特徴を生かしてコンピュータに指示を出しています。その中でAIを作るのが得意なプログラミング言語には、PythonやR(アール)と呼ばれる言語があります。

　本書ではPythonについて解説していきますが、Pythonの特徴は読みやすく書きやすく、無料で、便利なツールがたくさん使えるプログラミング言語です。特にAIに関する便利なツールが数多く存在することにより、google等でも主要言語となっています。便利なツールとは2-4で詳しく説明しますが、簡単にプログラムが書ける魔法のアイテムのようなものです。たとえば、機械学習を便利に利用できる「scikit-learn」や深層学習(ディープラーニング)を簡単に利用できる「TensorFlow」や「Keras」と

いったものがあります。

2−3−2　プログラムの概要紹介

　実際に作るところを少しだけ紹介しましょう。コンピュータに処理の順番を教える一連の指示を「プログラム」と呼びます。AIを得意とするプログラミング言語のPythonで、AIを作るためのプログラムは、ざっくりと「①便利なツールを呼び出す」「②データを読み込む」「③学習させる」の順番になります。そして、学習の終わったAIに新しいデータを入力すると、AIが入力されたデータを判断し結果を返してくれます。

　製造業を例に挙げると、作業環境等の様々なデータ (材質、担当者等)をコンピュータに読み込ませて、不良が出る条件をAIに学習をさせます。学習したAIに今後の作業環境のデータを渡せば、AIが「これは不良になりそう」「これは大丈夫」と判断してくれるという仕組みになっています。

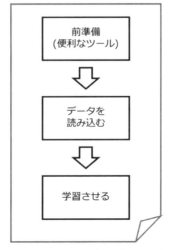

図表 2 − 1 2　AI プログラムの概要

　このように、Python等のプログラム言語を利用しデータを学習させても、AIを作ることができます。すべてを 1 からプログラミングしていると大変ですが、便利なツールがそれを大幅に簡単にしてくれます。

2-4

機械学習ライブラリの利用法

2-4-1　機械学習ライブラリ（AIフレームワーク）の仕組み

　先ほどから「便利なツール」という表現が何度か登場しましたが、具体的には、便利なツールがまとまった機械学習ライブラリとかAIフレームワークと呼ばれるものになります。

　第1章の図表1-7では、AIフレームワークとしています。厳密には、ライブラリとフレームワークとは違うものですが、そのあたりは専門書にお任せして、ここでは同じようなものとして扱い「ライブラリ≒フレームワーク」として説明していきます。

　ライブラリとは、汎用性の高い処理を再利用可能な形でひとまとまりにしたプログラムです。つまり、よく使う処理手順のプログラムを、事前に使いやすいようにまとめたものをライブラリといいます。実際に何か「もの」を製造する場合には、工具箱のようなペンチ・ニッパー・ドライバー等が収納されたものがあると便利ですが、AIを作る時も機械学習や深層学習を簡単に利用できるツールが集まっていると非常に便利です。プログラムは知識なので工具箱というより図書館の方がしっくりくるでしょう。ですので、機械学習ライブラリというと機械学習でよく使う便利なツールが集まった図書館のようなものと理解して頂ければ結構です。

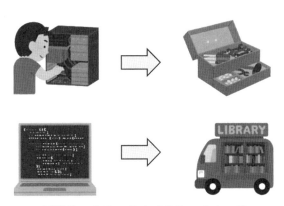

図表2-13　ライブラリのイメージ

　ところで、皆さんは表計算ソフトのエクセルで合計とか平均を計算する時、どうしていますか？平均は、一つ一つのセルを足し合わせ、その後に足した個数で割り算しても計算できますが、「平均値を求める」といった定型の処理を簡単に行うために、averageというエクセルの関数があるのをご存知でしょうか。このエクセルの関数(便利ツール)を使うと1つ1つセルを足し合わせなくてもセルの範囲を指定するだけで平均値を計算してくれます。また、合計を足し合わせる計算も1つ1つのセルを足し合わせなくてもsumというエクセルの関数を使えば合計値を計算してくれます。

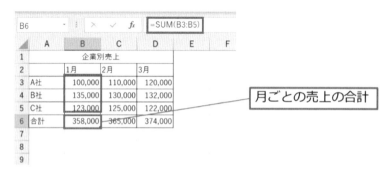

図表2－14　エクセルのSUM関数

　このように、なにかコンピュータに処理をさせる時に、自分で最初から全部の処理手順を書かなくても、ライブラリの中の便利ツールをつかえば簡単に特定の処理を行うことができるようになります。
　なお、今までご紹介したAIを作るときに便利なツールの図書館であるライブラリについて、2020年現在、よく利用されているものを図表2－15で一覧にしました。AIを作るときに一からプログラムを書くと大変ですので、機械学習ライブラリや深層学習(ディープラーニング)ライブラリを活用し、プログラムを簡潔に書いてAIを作っていきます。

ライブラリ名	開　発　元	特　徴	対応言語
scikit-learn サーキットラーン	機械学習全般のアルゴリズムが実装された無料のライブラリ	部分的に Google	Python
Tensorflow テンソルフロー	ディープラーニング向けの機械学習ライブラリで GPU にも対応している。	Google	Python　C++ Java等
Chainer チェイナー	国産ディープラーニングライブラリで開発は 2019 年 12 月に終了	Preferred Networks	Python
PyTorch パイトーチ	ディープラーニングライブラリで Chainer を受け継いでいる。研究者では人気急上昇中のライブラリ	Facebook	Python
Keras ケラス	ディープラーニングライブラリで Tensorflow 等とセットで使われる。Tensorflow 単独よりも手軽に使えるため初心者に優しい。	Google	Python
Gensim ゲンシム	言語処理でよく使われるアルゴリズムを含むライブラリ	RARE Technolog ies Ltd.	Python, Cython

図表２－１５　機械学習ライブラリ

２－４－２　機械学習ライブラリの利用方法

　AIを作る場合は２－４－１で紹介した機械学習ライブラリを使用することで、時間をかけずにプログラムを書くことができるため、非常に効率的です。ここでは簡単に利用法についてご紹介します。なお、本書は中小企業がAI導入するにあたり、最低限知って欲しい内容にとどめます。

　まず実際に機械学習ライブラリの使用法を見ていきましょう。たとえば、scikit-learn内の便利ツール、ランダムフォレストを利用してAIを作りたい場合は、プログラムの冒頭に「from sklearn.ensemble import RandomForestClassifier」というおまじないを書くだけで利用するための準備ができます。実際の学習は「fit」、予測精度を調べるのは「accuracy_score」です。ちなみにデータ数が多いと、学習の部分に膨大な時間がかかりますが、個別の予測にはそれほど時間がかかりません。

```
#便利なツールの準備
from sklearn.ensemble import RandomForestClassifier
from sklearn.metrics import accuracy_score

#データの読み込み
X = 学習用データ
y = 教師データ

# 学習の準備
clf = RandomForestClassifier(様々な調整)
# 学習
clf.fit(X, y)

#個別の予測
clf.predict(未知のデータ)

#評価
accuracy_score(未知の評価用データ)
```

図表2−16　実際のプログラムのイメージ

　2−1−2では、AIでできることについて説明しましたが、これらは機械学習ライブラリで実現できます。では、機械学習ライブラリを利用して実際に何ができるかみていきましょう。機械学習ライブラリにもさまざまな特徴があり、scikit-learnのようにたくさんのアルゴリズムが準備されたものや深層学習(ディープラーニング)に特化したものなど多種多様です。そこで具体的にいくつかAIでできることを、機械学習ライブラリとともに見ていきます。

(1) 数値の予測 (AIでできることの予測分析)

　scikit-learnのregression (回帰) などのアルゴリズムを使い、過去のデータを学習させると、店舗における明日の売上額予測や来客数予測といった数値の予測ができます。中小企業で販売管理や生産管理など基幹業務にシステムを利用している場合や、顧客管理、在庫管理など特定の業務にシステムを利用している場合は、それらのデータを活用して数値に関する予測を行うことができます。

（2）分類（AIでできることの予測分析）

　scikit-learn の RandomForestClassifier などのアルゴリズムを使い、過去のデータを学習させると、ある人が試験に合格するかどうかなどを予測（分類）することができます。小売業で POS システムを利用している場合は、過去のデータを使って特定の顧客がリピートするかどうかを予測（買うか買わないかの分類）することもできます。ちなみに、内閣府の「日本経済2017 - 2018」では転職後の賃金変化率を決める要因の重要度分析にもこのアルゴリズムを利用しています。

（3）文章の検索（AIでできることの予測分析）

　Gensim の doc 2 vec 等のアルゴリズムを使い、文章データを学習させると、同じような文章やまったく反対の事柄を意味する文章などを検索することが可能です。コールセンター等で過去の問い合わせデータから、最も近い問い合わせを探す場合などに活用できます。また、中小企業では過去に作成した見積書を特定のキーワードを使って精度よく検索する事もできます。

（4）画像の認識（AIでできることの画像識別）

　Tensorflow や Keras 等のディープラーニングライブラリを使い画像データを学習させると、画像に表れているものの個別認識ができます。また、画像から良品・不良品等の分類もできます。第3章の事例でご紹介する製造業の不良品判別や、野菜の成長を認識した自動収穫ロボット等、画像認識は中小企業でも活用が始まっています。

（5）音声の認識（AIでできることの音声識別）

　人の音声では Google 等の API を使うのが一般的ですが、振動音などの場合は音声データの数値をそのまま利用するか、グラフ化して画像認識で音声を認識することも可能です。画像認識の場合は上記 Tensorflow 等を利用します。振動音などから機械の異常を診断する時等に活用できます。

　このように AI クラウドを利用せずに、機械学習ライブラリを活用しプ

ログラムで AI を使う方法もあります。また中小企業としては、AI ベンダーがこのような方法を用いて概念実証を行い、予測精度の検証していることを知っておく必要があります。

　なお、機械学習ライブラリを活用し、試行錯誤して AI の学習済みモデルを作ること自体はこのようなプログラムで作ることができますが、これらをシステムの内部に組み込んでいくのは 1 章で説明した AI システム構築の領域となり、別のスキルとステップが必要となります。

　AI システムを構築する場合、先に紹介した GCP や IBM- Cloud 等の AI クラウドを使うケースと、独自に機械学習ライブラリを使う 2 つの方法があります。どちらが良い悪いではなく、それぞれに特徴があります。中小企業がそれらをすべて把握する必要はなく、データサイエンティストや AI システムベンダーと相談しながら自社に合う方法を選択する事が重要となります。

Column 2
京の茶漬けと百面相

　30年以上前、筆者は学校の卒業研究で「音声認識」のプログラムを開発していました。当時AIはなく、予め決めた特定の単語（キョウト、ニホンなど）をパソコンに記録し、マイクから入力された音声と比較して単語を特定するのです。正解率は100％に近かったと記憶していますが、すべての単語や文章などはとても対応できません。

　ちなみに京都には難しい漢字の地名があります。たとえば、「太秦（ウズマサ）」、「烏丸（カラスマ）」などです。これらをIBM-Watsonで音声認識するとすべて正解でした。また、長い文章も正確に認識してテキストに変換できます。30年で技術は大きく進化したのです。

　一方、言語認識ですが、こちらは言葉の内容を理解するAI機能です。「ありがとう」と言えば感謝している、「何やっているんだ！」と言えば怒っているなど、言葉の意味を理解します。

　言語認識の話をしていると、「京の茶漬け」という落語を思い出しました。ご存知の方も多いと思いますが、これは「京都人は遠まわしにものをいう」ことを揶揄したもので、落語の中で京都人は、お客様に帰って欲しい時、「早く帰って」と言わず、「ちょっとお茶漬けでもどうどすか？」と言います。こう言われると、京都の人なら「それでは失礼します」と帰ります。ある時、大阪の物好きな男が、一度この茶漬けを食べてやろうと京都の知人宅を訪ねます。一通り話が終った頃、奥さんが「ちょっとお茶漬けでもどうどすか？」といいます。待ってましたといわんばかりに男は「では、一杯頂きますわ！」と居座ります。仕方ないので奥さんは、おひつに残っていた冷や飯で一杯分のお茶漬けを作って出します。男はお茶漬けを平らげ、そして「もう一杯頂けますか」と空の茶碗を突き出します。しかし、奥さんは気付かないフリ。そこで男は急に茶碗を褒め、「いや〜この茶碗は立派ですな、どこで買ったんですか？」と突き出します。すると奥さんは空のおひつを突きだし「これと一緒に、そこの荒物屋で」。……おあとがよろしいようで。

　もし京都人の言語を学習したAIなら、「ちょっとお茶漬けでもどうどすか？」と言われればすぐに帰るでしょう。逆に、物好きな男の言語を学習すれば、何杯でもおかわりを言うかもしれません。AIは学習次第で百面相にもなれるのです。

第3章
中小企業のAI活用事例

　中小企業ではAI導入の課題もありますが、それを解決してAI導入で成果を上げている中小企業もあります。成功している企業に共通することは、明確な経営・業務課題を持ち、それをAIで解決していることです。また、経営者がリーダーシップを発揮するとともに、AIベンダーやAIコンサルタント、大学、支援機関など外部機関や人材をうまく活用していることも成功要因です。

　本章の事例をご覧頂き自社での活用ヒントをつかみ、ぜひAI活用に取り組むきっかけとしてください。

中小企業のAI活用事例 ①

AI 画像認識とビッグデータ活用による需要予測により飲食店経営の効率化、高付加価値化を実現

１．事例の概要

項　目	内　容
テーマ	AI 画像認識とビッグデータ活用による需要予測
企業名	有限会社ゑびや
従業員数	約 50 名
解決したい課題	老舗食堂のアナログ経営からの脱却による経営の効率化
構築方法	新社長主導のデータ経営の推進、AI・IoT の革新的技術の活用
活用効果	施策実施により来客予測的中率 9 割以上、メニュー提供時間を大幅短縮、効果は実に売上 5 倍、利益率 10 倍、客単価 3 倍

２．ゑびやについて

　ゑびやは1912年に創業、「ゑびや大食堂」として食堂、「ゑびや商店」としてみやげもの店を運営し、両店舗は隣り合い、伊勢神宮の近くの人通りの多い観光地に立地しています。現社長の小田島春樹氏が2012年に娘婿として店舗運営に参画した当時は、店舗経営がアナログでされており様々な課題を抱えていました。伊勢市の人口は約12万人ですが、伊勢神宮には毎年約800万人の観光客が訪れ、観光客にどのようにアプローチして収益を確保していくかというところが事業の特性となります。

３．ゑびやの課題

　当時は売上管理に食券を用いて、終業時に前日の最終番号との差をもとに各メニューの注文数を把握するなど時間のかかる手作業を行い、経験と勘で経営の意思決定がなされていたため、多くの非効率が発生していました。

課題①　迅速・適正なメニュー提供ができない
メニューが23種類、お膳ごとに小鉢も違い提供時間が長くなり、クレー

写真 3 − 1 − 1　ゑびや大食堂と人通り
（筆者撮影）

ムも発生していました。また、カレーやとんかつ定食など一般的なメ
ニュー提供をしており、客単価が低く、売れ筋分析も行われていませんで
した。

課題②　来客・需要が予測できない
団体ツアー客などの影響により客の入りが予測しづらく、適正な人員配置
ができず人件費がかかっていました。また、当日注文数が予想できないた
め、売り切れによる機会損失や作り過ぎによる廃棄ロスが発生していまし
た。

4．AIシステム活用法

　小田島氏は経営のデータ化を推進し、若手社員を巻き込み来客予測など
を実現する店舗経営支援ツールを独自に開発しました。
　2013年にまずExcelでデータを手入力するところからはじめ、2014年
にPOSレジを導入、2015年にはExcelマクロが巨大化して運用が困難と
なってきたため、方針転換を検討、2016年に機械学習による来客予測シ
ステムの構築に着手しました。

　ソフトバンク出身の小田島氏はもともと数学的素養や英語でしか解説のない技術資料を読み込む能力があり、自社開発に取組みました。プレゼンテーションの師匠であった常盤木氏をアドバイザーに迎え、現専務取締役でEBILAB社CIOの堤氏も当時は若手スタッフとして小田島氏とともに独学で技術を習得、開発に参画しました。店で接客をしていた秋吉氏もデジタルの知識ゼロから1日3時間、のべ1,000時間、仕事の前後に勉強してAIプログラミングを習得、システム構築に関わりました。この秋吉氏のストーリーはMicrosoft のCEOに「2019年inspiredされた取組み」として紹介されています。

　そうして、社長をはじめスタッフが独自に構築した「来客予測AI」は、約400種類のビッグデータを収集、解析し、当日の来客数に加えてメニューごとの出数までを予測する仕組みを実現しました。

　開発初期段階で小田島氏が「明日何人来るかという予測をつくった」とスタッフに言った時に、「知りたいのは1日に何人ではなく、シフトを組むために時間ごとに何人来るかです」という反応があったそうです。そうしたやりとりを経て、来客予測のアウトプットは現場のニーズを的確にとらえたデザインを実現しています。

5．AIシステム構築法

　ビッグデータの分析予測はノンプログラミングでシステム構築が可能なAIクラウドサービスのMicrosoft Azure（第2章でも説明）を用いて開発されています。メインのシステムは内製、Microsoftのワークショップなどサポートを受け、Azure Functionsによるスクレイピング技術（Webサイトからデータを自動収集する技術のこと）を習得、SQL Database、COSMOS DBにてデータベースを構築、予測ロジックをAzure Machine Learning Studioで構築、Power BIでデータ分析をビジュアル化しました。

　Webスクレイピングで自動収集した気温や降水確率、近隣の宿泊客数などのオープンデータをAzure Functionsで成形してデータベースに流し込み、さらに店頭に設置した画像解析AIから通行量や入店率などのデータも収集、各データが売上や集客などの結果にどの程度影響を与えているかというライブラリを活用して、取捨選択と重みづけを行っています。

　また、メニュー予測と連動して酒や食材の自動発注も実現、在庫が減っ

たら必要な数量に応じて自動でメール・FAXで発注する仕組みも構築しました。スマートショッピング社と共同で、重さがしきい値を超えたら特定のタイミングで自動発注を行う「スマートマット」を開発、実用化しています。

　レジ、決済、オーダーシステムにもスマートデバイス（IoT機器）を積極活用し、顧客がタブレット発注できることで接客業務の効率化にもつなげています。

写真3－1－2　タブレットで注文、お水のおかわりもできる
（筆者撮影）

6．AIの成果・成果

　これらのシステムを構築、導入、改善を行う中で予測的中率90％超の来客予測、マーケティング効果測定を実現しました。その結果、2012年からの4年間で売上を4倍、利益率を10倍に、客単価を3倍に改善しています。

　ピークタイムを把握することで人員配置の最適化、メニューごとの注文数を予測して半調理品の事前準備、生鮮品を提供直前に調理するだけで提供可能とすることで、料理提供時間を従来20〜40分のところ10分未満へ

と大幅に短縮、回転数が3倍となり、クレームも減り、従業員の精神的な負担軽減にもなりました。

　炊いた米の廃棄量は6〜7升から2升ほどと約7割減、以前は刺身や松坂牛など高級食材も無駄になることがあったが、無駄な仕入れの回避、ロスの削減を実現しました。これにより従来はロス分を価格に見込み食材を仕入れていたのをやめ、生産者の方から良いものを適正価格で仕入れられるようになり、生産者の言い値で仕入れる購買姿勢が評価されると良質の生産者とのつながりが広がるようになりました。

　結果として提供メニューの品質も上がり、顧客満足度の向上、グルメサイトの口コミ評価の改善につながりました。食べログ評価も2.8から3.5に、ランキング5位にまで上がりました。

　タブレット発注によりホールスタッフが対応する回数も減り、作業時間の軽減により生まれた余裕時間にスタッフは丁寧な接客に集中することができ、商品開発や新しいアイデア、改善など前向きでクリエイティブな仕事にあてることも可能となりました。2013年以降は完全週休2日制、残業なし、特別休暇は最大15日に有給消化率も80%、平均給与も5年前から20%以上向上し、労働環境は大幅に改善しました。

　同社は、これらのノウハウを店舗経営ツール「TOUCH POINT BI」としてパッケージ化、販売して、2018年に同サービスの販売にかかる法人を株式会社EBILABとして設立後、本書執筆時点で同社ウェブサイトに公開されている限りでも30社40店舗に導入されています。

　著者は小田島氏にインタビュー訪問しましたが、これら一連の改革について「AIはあくまでツールであり、大事なのはデータ。そしてデータを活用して徹底した『従業員志向』を実現することが経営者の使命です」と語っていたのが印象的でした。過度な顧客志向で疲弊する飲食店業界を、同ツールを安価に提供することで変えていくことに意気込みを持って取り組んでいます。また、2019年の新しい取組みとしてフィットネストラッカーのFitbitを全スタッフが装着して疲労や適応度を可視化、IoTでスタッフが働きやすい職場づくりのためのデータ化を進めています。新しい技術を積極的に取り入れ、成果が出なくてやめたものも数多いそうですが、現在の同社の目覚ましい成果はその試行錯誤が結実したものと言えるでしょう。

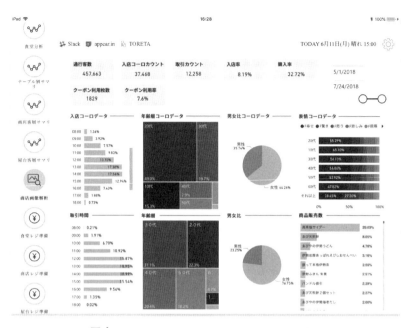

図表 3－1－1　TOUCH POINT BI の画面

（EBILAB 社 HP より）

中小企業のAI活用事例 ②

人手に頼っている外観検査を機械化し、人手不足を解消

1．事例の概要

項　目	内　容
テーマ	AI画像技術とロボット技術で外観検査を省力化
企業名	稲坂油圧機器株式会社
従業員数	290名
解決したい課題	人材確保が困難な状況において ・検査工程の自動化が遅れている ・外観検査を検査員の目視検査に頼っている
構築方法	兵庫県立大学、安達株式会社、株式会社ブレイン、新産業創造研究機構との共同開発で、ロボットとAIを組み合わせた装置を用いて、上下側面から撮影した画像を良品の画像と照合し、良品と不良品を判別
活用効果	検査員が実際に検品する数を10分の1まで減少（最終目標）

2．稲坂油圧機器について

　稲坂油圧機器は、稲坂歯車製作所、稲坂プレス工業と同じ稲坂グループに所属しており、重工メーカー等向けに建設機械や産業機械、農機具等の油圧機器を製造しています。油圧機器とは、電動機のような外部駆動源によって作動流体である油に圧力を持たせ、それによって油圧式のアクチュエータを動作させることで仕事をする機械です。少し難しい表現ですが、簡単に言うと、「油の力でものを動かす装置」です。

　また、同社が生産中のマルチコントロール弁やリリーフ弁、パイロット弁等の油圧制御弁は、建設機械や農業機械、船舶等に幅広く採用され、国内外からも高い評価を受けています。多様化する顧客のニーズに対応するため、長年培われたノウハウと豊富な機械設備で、高精度・高品質な油圧機器を多品種少量生産しています。

写真3－2－1　油圧機器製品
（出所：稲坂グループ　http://www.inasaka.com/products/）

3．稲坂油圧機器の課題

　稲坂油圧機器は、深刻な人手不足に対応するため、機械加工等の製造・生産工程の自動化を進めて来ました。しかし、検査工程の自動化が遅れており、特に、外観検査は検査員の目視検査に頼っていました。目視検査での不良品の検出プロセスは、検査員の五感頼りで習熟度にバラつきがあるだけでなく、長時間にわたる高負荷作業でもあるため、今後の人材確保が困難になることが懸念されていました。

　そこで、外観検査の自動化を課題と捉え、以下の4点を掲げています。

課題①　不良品の見逃し
最終の外観検査は人による目視検査を実施していますが、検査員がまれに不良品を見逃すことがありました。

課題②　不良品流出による損失
不良品の発生率は低いものの、不良品が市場に流出した場合には、多大な損失が発生することになります。

課題③　検査員によるばらつき
検査の判断基準は定量的な評価が困難なため、熟練検査員の判断に依存していました。

課題④　機種変更への対応
油圧機器は多品種少量生産であるため、生産ラインの機種が頻繁に変わり、

その度に外観検査にも影響を及ぼすことになります。

４．AIシステム活用法

　稲坂油圧機器は、人間の目視に頼っていた製品の外観検査を、ロボットと AI を組み合わせた装置を用いて、上下側面から撮影した画像を良品の画像と照合し、不良品かどうかを判別する方法を検討しました。

　課題①と課題②に対しては、AI の学習による新しい外観基準を導入することによって、従来検査員が見落としていた不良や未知の不良を未然に除去できることを目指しました。

　課題③に対しては、従来の熟練検査員に頼っていた外観検査の基準と、AI の学習から得られた結果を照合させることによって、より正確な検査基準を作成し、それを検査員の教育にも活用することにしました。

　課題④に対しては、機種変更時でも自社で簡単にデータを作成できるソフトウェアを開発することによって、データ収集に多大な時間が掛かってしまう機種変更やライン変更にも比較的短期間で対応できるように準備を始めました。

５．AIシステム構築法

　稲坂油圧機器は、油圧パイロット弁の外観検査を自動化するため、2017年度に経済産業省のロボット導入実証事業補助金を活用し、人協働ロボット duAro（川崎重工業製）が操作するカメラから得られた画像情報を AI の画像認識技術で解析し、判定する自動外観検査システムを開発しました。開発は新産業創造研究機構（NIRO）の支援制度を活用し、ロボットのシステムインテグレーターである安達株式会社を中核として、AI 活用による画像識別を兵庫県立大学の森本雅和准教授、画像処理技術をブレイン、ロボット技術をカワサキロボットシステムで分担し、検討から導入までに2年がかりで自動外観検査システムを構築しました。

　油圧パイロット弁の不良率はかなり低く、不良品の画像データを収集するのが極めて難しいため、AI の学習データは、良品の画像データのみから不良を検知する手法を採用しました。この手法はディープラーニングの一種で、オートエンコーダーと呼ばれています（4章参照）。良品の画像データのみで学習させたオートエンコーダーは、不良品の画像データが入

力された場合でも、良品の画像を復元することができるため、この復元画像（良品）と元画像（不良品）の差を取ることで、異常（不良品）と判定することができます。また、オートエンコーダー以外にも、様々な手法を試みながら検証を続けています。

 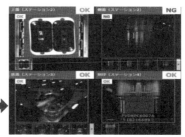

撮影した画像は、画像処理コントローラで処理し、PCに内蔵されたAIソフトで判断

カメラで上面、側面、底面各部の画像を撮影

良品でないと判断された対象の良否判断は検査員が実施、その結果は良品基準（データベース）に反映し、精度を日々向上。

写真3－2－2　AIによる外観検査の自動化
（出所：関西経済連合会　http://www.kankeiren.or.jp/iot/pdf/iot16.pdf）

6．AIの効果・成果

　稲坂油圧機器がAIを活用した自動外観検査システムを導入したことにより、油圧パイロット弁の不良が疑われる対象の数を減らすことができており、検査員が実際に検品する数を従来の10分の1まで減少させることを最終目標として実証実験を続けています。また、外観検査への人の稼働時間が大幅に減少したことで、熟練検査員が別の仕事に対応できるという効果も生まれました。検査対象数の減少という定量的効果に加え、新たな仕事の創出という定性的効果によって、熟練検査員を研究リソースとして割り当てられるようになりました。このような成果は、働き方改革にも大

きな影響を与えることになるでしょう。

　外観検査の省力化を進めるための重要ポイントとして、支援機関、大学、関連企業との共同プロジェクトで取り組んでいることが挙げられます。

　今後の展開予定としては、機種間の横展開を容易にするために、データ作成支援ソフトを開発し、自動外観検査システムを他機種や他工場にも展開することで、更なる外観検査の省力化を進めるとともに、人の目視検査により近い精度の実現を目指しています。

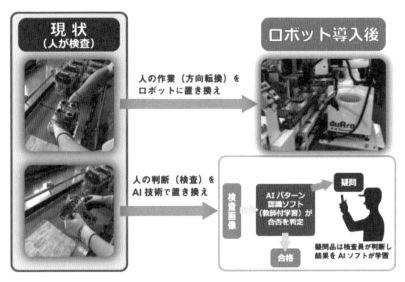

図表 3 − 2 − 1　自動外観検査システム導入前後
（出所：新産業創造研究機構　https://www.niro.or.jp/coordinate/c_case/rt_activities/）

　製造業において AI の導入が進まない要因として、事前に効果を見積もることが難しく、「やってみなければわからないシステム」であるため、導入に対する投資効果を判断しにくいことが挙げられます。その点において、本事例では経済産業省のロボット導入実証事業補助金を活用することで、投資を抑えることに成功しており、今後、このような形で AI の中小企業への導入が普及して行くことが期待されます。

　また、中小企業の生産現場における AI の活用は、概念実証の段階で終

わってしまうケースが非常に多いため、稲坂油圧機器が継続して取り組んでいる自動外観システムが実用化されれば、今後、AIを導入する中小企業にとって、とても良い先行事例となるでしょう。

中小企業のAI活用事例 ③

熟練技術者不足を補う画像認識技術による接ぎ木苗生産の効率化

1．事例の概要

項　目	内　容
テーマ	苗画像認識による良質接ぎ木苗（台木・穂木）の自動分類
企業名	有限会社　竹内園芸
従業員数	１５７名
解決したい課題	熟練技術者不足の状況において ・熟練技術の継承 ・良質な苗の生産と生産性向上
構築方法	社内技術者と AI ベンダー（機械メーカー）による共同開発。画像認識を用いて、優良な台木・穂木の選別と、適切な組合せの自動化。
活用効果	AI活用による他の工程の機械化と合わせ２倍以上の生産性向上

2．竹内園芸について

　竹内園芸は徳島県の本社と群馬県、熊本県にも農場を構える苗の生産販売事業者で、全国の農家や園芸店等を顧客としています。主にキュウリやトマト、ナス等の苗を生産していますが、２種類の苗をつなぎ合わせる接ぎ木苗（つぎきなえ）が主力の商品となります。

　この接ぎ木苗とは、異なる特性を持つ土台となる苗（台木）と実のなる苗（穂木）を接ぎ合わせることで、病気に強くしかもおいしい実がなる等、両方の強みを受け継ぐことができるものです。その台木の品種により、①寒さや暑さに強い、②病害虫に強い、③連作障害に強い等の特性を持たせることができ、付加価値の高い苗とすることができます。

3．竹内園芸の課題

課題①：熟練技術者の技術継承

　接ぎ木苗生産において特に重要なのは、２種類の苗を接ぎ合わせる工程で、①台木と穂木の選別、②苗の切断・接ぎ合わせ・固定等の作業からなります。この台木と穂木には、それぞれ接ぎ合わせに適した成長時期があ

り、具体的には全体の苗の長さ（草丈）、葉の枚数、葉の大きさ等の生育状態が関係します。そのために、温度や湿度、日照時間、水分量や養分等をコントロールし育成しています。また、接ぎ合わせる2種類の苗は、それぞれの茎の切断面が同じ大きさとする必要があり、茎の太さが同じものを選択する必要があります。

　この工程は経験豊富な熟練スタッフが、目視により苗を選別し、1本ずつ丁寧に手作業で接ぎ木作業を行っていましたが、最近では人手不足とともにOJTによる新人育成にも時間を要すため、熟練技術者の暗黙知等の技術継承が課題となっています。

課題②：良質な接ぎ木苗の効率的生産

　農家にとって苗の良し悪しは、生育や収穫に大きな影響を及ぼす重要な要素です。しかし良い接ぎ木苗をつくるには高度な技術を要すこともあり、最近では、農家は良い苗を入手するため、従来の自作から竹内園芸のような事業者からの購入に変化してきました。そのような農家からの苗の注文に対し良い苗を安定的に供給することはとても重要です。

　竹内園芸における接ぎ木作業は、年間2,500万本にも及び、農繁期ではなんと1日15万本にもなります。接ぎ木の作業スピードは、苗の生産量に大きく影響するため、現場には大きな負担がかかっているのは容易に想像できます。人手不足の環境下で農家からの注文に対し安定的に供給するためにも、良質苗を効率的に生産することは非常に重要な課題です。

4．AIシステム活用法

　そこで、竹内園芸では台木と穂木の選別工程にAIによる画像認識を活用し、人間が目視で判断することなく、画像データだけで自動的に判断すること。つまり「熟練技術者の苗の選別を自動化する」という取組みを実施したのです。

　竹内園芸での、具体的なノウハウは公開されていませんが、著書「野菜の苗つくり（失敗しないコツと各種接ぎ木法）白木己歳著」によると、台木や穂木に適した状態は図表3－3－1のようになっています。これをAIにより苗選別を行うためには、苗をカメラで撮影し画像認識で以下のようなことを判断する必要があります。

　・奇形を排除するための判断

・草丈、葉数、最大葉等で良質な苗の判断
・台木、穂木のマッチングのための茎の太さの判断

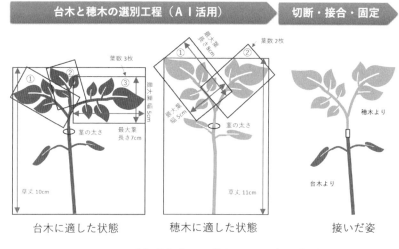

資料：野菜の苗つくり（失敗しないコツと各種接ぎ木法）白木己歳著より

図表３－３－１　画像認識技術（ＡＩ）による苗の選別

５．ＡＩシステム構築法

　実際に「熟練技術者の苗の選別を自動化する」ことをＡＩシステムとして構築するためには、苗の画像から奇形苗や良質苗の選別をＡＩが判断する必要があり、予めＡＩに、その画像が良質な苗なのかどうかの基準を教える必要があります。

　第４章のＡＩの基礎知識で機械学習に関して詳しく説明いたしますが、ＡＩの機械学習の方法には、大きく「教師あり学習」と「教師なし学習」に分類されます。竹内園芸の今回のような、苗の選別判断という目的が明確で分類精度が高い学習には「教師あり学習」が適しています。「教師あり学習」とは入力データと判断結果を予めＡＩに与え学習させることで、未知のデータを判断できるようにするもので、今回の場合は、苗画像と熟練技術者の判断結果が教師データとなります。

　流れとしては、予め機械学習により学習済みモデルを構築（図表３－

３−２①）した後、その学習済みモデルを用いた判断結果が実際に活用可能か否かを確認する（図表３−３−２②）という概念実証（PoC）を行います。

　具体的には、まず良質な台木と穂木である画像のパターンを学習する「学習フェーズ」を行います。そのためには、台木と穂木それぞれに対しサンプルとなる数多くの苗画像を準備する必要があり、また一枚一枚の画像に対し「良い台木（穂木）」「悪い台木（穂木）」との実際の判断結果をタグ付けする「教師データ（正解ラベル）」を作成する必要があります。そのデータを用いて実際に機械学習を行い「良質苗学習済みモデル」の構築を行うのです。

　次にその「良質苗学習済みモデル」が使用可能かを評価する「予測フェーズ」を行います。学習に用いた「教師データ」とは異なる新たな苗画像を「良質苗学習済みモデル」にて実際に判断を行い、その判断結果を熟練技術者により実際に正しく判断されているかを検証する必要があります。

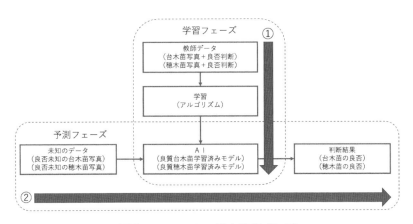

図表３−３−２　概念実証（PoC）

　実際には、本番稼働までの概念実証には相当の苦労があったそうです。苗は、とても複雑な形状をしているため、画像の撮影方法にも試行錯誤を重ねるとともに、満足できる判断結果を得るためにも相当数のサンプルデータを用意し、学習を重ねる等されたことは容易に想像ができます。し

かし、竹内園芸には「苗の育ち方や形状等」に関する豊富な知識や経験があることにより乗り越えることができました。

　竹内園芸では、課題解決の糸口を見つけることは簡単ではありませんでした。しかし、ビジネス上の経営課題とAIの概要を把握していた大学・大学院で学んだ従業員の存在が、成功の一つのポイントであったと考えられます。第1章でも説明しているように、中小企業においても「AI導入方法については理解していなくとも、AIベンダーと話をし、交渉することができるよう、AIの概要は知っている」ということは、とても重要なのです。

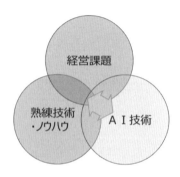

図表3－3－3　AIベンダーとの橋渡し役

6．AIの効果・成果

　竹内園芸では、この「AI活用による熟練技術者の苗の選別の自動化」に加え、人手不足を見据えた機械化にも同時に取り組まれています。この苗選別の自動化をすることで、作業効率だけでなく工程の機械化も進めやすくなるという効果もあるそうです。

　同社によると、苗の引き合いは強く、設備投資も行っていることもあり、全体として現在の生産量の約2倍の年間5,000万本程度まで生産性を高められるとみているそうです。

　最後に、竹内園芸では、経営課題を明確にされ、従来のITでは解決が難しかったことをAIにより解決されています。まさに、従来の「使うIT」では実現が難しく「考えるIT」であるAIだからこそ実現できるものでし

た。

　AIを中小企業の生産性向上の新たなパートナーとして他社に先駆け積極活用されている竹内園芸が益々ご発展をされることを楽しみにするとともに、他の中小企業の皆様のご参考になることを期待いたします。

中小企業のAI活用事例 ④

ファッション特化AIによる新しいアパレル購買の可能性

1.　事例の概要

項　目	内　容
テーマ	スナップ写真の画像認識によるファッション提案
企業名	株式会社ニューロープ
従業員数	6名
解決したい課題	Webメディアの運営の効率化、提携ECへの誘導
構築方法	画像認識を用い、コーディネート画像に写っている複数アイテムについて瞬時に認識・解析を行い、データの蓄積を行う。
活用効果	手作業で行っていたタグ情報付けを自動化し、業務効率化。画像検索機能による類似商品やおすすめアイテムの提案の自動化。提携ECへのAPI提供というビジネスモデル変革。

2.　株式会社ニューロープについて

　株式会社ニューロープは2014年1月に代表取締役の酒井聡氏によって設立され、主にWebサービス事業とメディア事業を行っています。「ファッション特化のAIで、次のクリエイションの原資を生む」をコンセプトに、他社に先駆けてファッション業界に特化したAIを開発し、自社が運営するWebメディア「#CBK magazine」(カブキマガジン)での運用と、通販サイト運営会社への販売の双方を行っています。酒井氏は、AIは導入して終わりではなく、ファッション業界のあらゆる課題を解決するためのツールであると捉えており、AIの活用で利益を確保し、その原資を次の新たな投資やイノベーションに繋げることを目的としています。

　ファッションとAIは、実は相性のいい組み合わせだと言われています。なぜなら、たとえば医療や自動運転の世界では、AIの精度は100％であることを求められていますが、ファッションではそこまでの高い精度が無くとも実現することができるからです。人命が係わる分野では毎回100点満点を取れる完璧な優等生が必要ですが、ファッション業界では80点や90点等ある程度の高得点が出せればOKなのです。

　加えて、ファッション業界は無数のデータを取り扱う必要がある領域でもあります。1つのブランドを取ってみても、多数の商品、サイズ、売り場があります。一方、買い手である消費者の嗜好は様々です。それらを踏まえながら、季節や売れ行き、トレンドに合わせて、短いサイクルで生産計画や販売計画の見直しを行う必要があります。このように変動要素が多く、「あれもこれも考慮しないといけない」という状況は、人間が紙の伝票やパソコンにある過去のデータとにらめっこをし、電卓を叩きながら考えていくよりも、データさえきちんと整っていれば、人間の脳より遥かに処理速度の速いAIを使った方が、定量的かつ正確な答えが出ることは容易に想像できます。このように、ファッション業界においては、人手ではなくAIなどのテクノロジーが活躍できる余地が十分にあると考えられます。

3．株式会社ニューロープの課題

課題：ファッションWebメディアの運営の効率化、提携ECへの誘導

　ニューロープは設立当初である2014年、ファッションWebメディア「#CBK magazine」をリリースしました。多くのスナップ写真が並べられており、気になるコーディネートの画像をクリックすると、着こなしやアイテムに関する説明ページに移ります。併せて、モデルが着用している服や小物に似ている商品の画像をいくつか表示し、それらを販売している提携ECサイトへ遷移することができます。

　このWebメディアを運営するためには、たとえばモデルが、全体が茶色で、文字が書いてあるトートバックを持っていたとすると、その画像には「ブラウン」「ロゴ」「トートバック」という情報を付ける必要があります。しかしながら設立当時は、これらの情報をすべて一つ一つ手で入力していました。その結果、モデル300名、延べ100万枚以上のコーディネート画像の入力には膨大な労力がかかりました。さらには、当時はすでにWebメディアは競合が多いレッドオーシャン（血で血を洗うような競争の激しい業界）であったため、思うように業績を伸ばしていくことができませんでした。

4．AIシステム活用法

　ニューロープは2017年、ファッションAI「#CBK scnnr」（カブキスキャナー）をリリースしました。これまでは手作業で行っていた、スナップ写真へのタグ情報付けを機械化し、自社Webメディアの#CBK magazineへの埋め込みを行いました。これにより、作業時間が格段に削減されました。

　コーディネート画像を解析し、類似アイテムを自動で紐づけており、提携ECで販売されている商品を多数表示させることへのハードルが下がり、提携ECへの誘導が容易になりました。

　加えてニューロープは、自社Webメディア内だけではなく、提携ECに対しても#CBK scnnrの画像検索機能を提供しています。例として、大手ファッション通販サイト運営会社であるマガシーク株式会社と株式会社ディノス・セシールでの活用事例を以下に記載します。特にディノス・セシールは第三者割当増資の引受先としてニューロープに出資をしており、AIがファッション業界における新たなインフラとなることに強く期待をされています。

①コーディネート写真に写っているアイテムを認識・解析し、似ている商品を提案

　マガシーク株式会社が運営するファッション通販サイトの「MAGASEEK（マガシーク）」では、画像検索を活用し、Instagram等のスナップや自分でカメラ撮影した画像をアップロードすると、画像に含まれている複数のアイテムを認識、解析し、わずか1秒で類似商品をレコメンドする機能を実装しています。

　利用者にとっては、自分が持っているアイテムや、憧れの芸能人やモデルが着用しているアイテムに似た商品を簡単に探すことができるというメリットがあります。

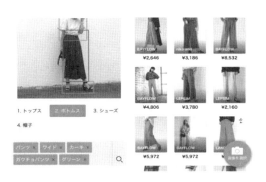

写真3－4－1　画像検索機能の画面イメージ
（出所：#CBK encyclopedia　https://encyclopedia.cubki.jp/184/）

②アイテムの着こなしや似合う商品（着合わせ）を提案

　従来のファッション通販サイトでは、購入履歴や閲覧履歴をもとにした
レコメンドを行ってきました。一方、株式会社ディノス・セシールが運営
する「ディノスオンラインショップ」では、顧客の購入データや閲覧デー
タだけではなく、Instagramや#CBK magazineから抽出した類似アイテム
の旬のコーディネート情報と、着
こなしを実現するための商品をレ
コメンドしています。また、顧客
一人一人に合わせたオリジナルカ
タログ「Like it!」を展開しており、
Webやメールでのデジタルな手
段でのアプローチだけではなく、
あえてアナログな紙媒体を郵便・
宅配し顧客の手元に確実に届ける
ことで、「見てなかった」「気づか
なかった」という機会損失を無く
し、認知度を上げる取組みをされ
ています。

写真3－4－2　カタログ「Like it！」のイメージ
（出所：#CBK encyclopedia　https://encyclopedia.cubki.jp/89/）

５．AIシステム構築法

　2015年秋頃からニューロープはまず、#CBKscnnrで手入力して作り上げてきた「大量の教師データ」をもとにAIの開発を進めていきました。大量の教師データとは、コーディネート画像に対するタグ情報（ファッションアイテムの種類、色、形を表すキーワード）のことです。ファッションデザイナーやプランナー、マーチャンダイザー（商品開発や販売に関する計画を管理する人）、ショップ店員などの専門家の知識や、300名のモデルのファッションセンスをデータとして集め、機械学習を行いました。そして1年半の歳月を経て、2017年春、膨大なデータを習得させたファッションAI「#CBK scnnr」をリリースしました。コーディネート画像を自動解析してタグ情報を返すことが可能であり、API提供されています。

　「#CBK scnnr」の特徴は、コーディネート画像に含まれている複数のアイテム（たとえばトップス、ボトムス、靴、アクセサリーなど）を同時に認識し、数秒で解析ができるため、即時性に優れている点です。また、画像を認識して類似画像を返すのではなく、色や形状を表す言葉であるタグ情報を返すため、既存の通販サイトへの組み込みをスムーズにしています。

６．AIの効果・成果

　ニューロープは、自社Webファッションメディアに AI を活用したことで、これまで手作業で行っていたタグ情報付けを自動化し、業務効率が向上しました。また提携ECにおいて、これまでのレコメンドは購入履歴をもとにしていましたが、AIによって「類似性」や「着合わせ」という新しい軸での商品提案ができるようになり、購入履歴が無い・少ない人へのレコメンドも可能となりました。業界初のこの取組みが話題となり、他社から多数引き合いを受け、導入実績は右肩上がりで増えているとのことです。

　今後は商品のレコメンドだけではなく、SNSのコーディネート画像やキーワードからトレンドを分析し、定量化することで需要予測を行ったり、小売店舗で監視カメラの映像を使って来店客の服装を分析したり、デジタルサイネージを用いて来店客それぞれに合わせたコーディネートの提案をしたりなど、売り場作りに活かすことも近い将来可能になると考えられます。ファッション業界において、製造と販売の両面をAIが幅広く支援す

る時代が、すぐそこにまで来ていると言えます。

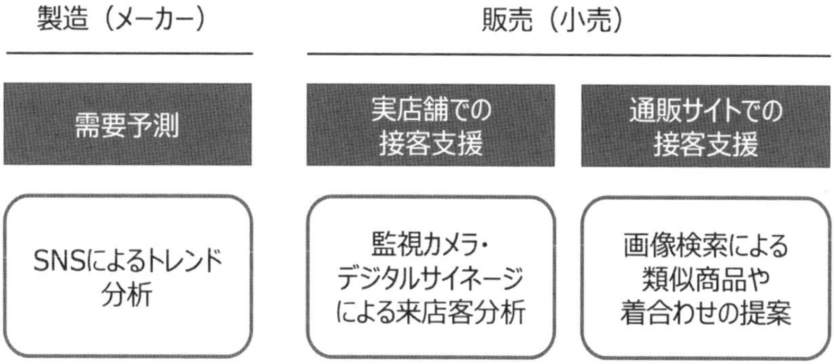

製造（メーカー）	販売（小売）	
需要予測	実店舗での 接客支援	通販サイトでの 接客支援
SNSによるトレンド 分析	監視カメラ・ デジタルサイネージ による来店客分析	画像検索による 類似商品や 着合わせの提案

図表 3－4－3　今後のファッションAIの動向

中小企業のAI活用事例 ⑤

自動野菜収穫ロボットによるアスパラガス収穫作業の効率化

1．事例の概要

項　目	内　容
テーマ	画像認識によるアスパラガスの自動収穫
企業名	A-noker 株式会社
従業員数	4 名 (役員含む)
解決したい課題	収穫作業の効率化
構築方法	自動野菜収穫ロボットの導入。 (inaho 株式会社が開発した AI ロボットを導入)
活用効果	・収穫作業の自動化 ・ビジネスモデルの構築

2．A-noker 株式会社について

　A-noker株式会社 (ええのうかーかぶしきがいしゃ) 代表取締役の安東氏は佐賀県の太良町でアスパラガスの生産を営んでいます。脱サラ後、奥様のふるさと太良町へ戻り、2013年から今まで経験のなかった農業の取組みをはじめました。山の斜面に連なる耕作放棄地 (ミカン畑) を整備し、狭い土地でも一定の収穫が見込めるアスパラガスに目を付け、生産を始めています。複数のビニールハウスを建て、それぞれ異なる肥料や栽培方法を毎年変える等の試行錯誤を繰り返し、2017年には「森のアスパラ」というブランドを立ち上げました。旨味を感じるアミノ酸成分の数値が高く、苦みやスジもないため生で食べることができ、野菜の苦手な子供も喜んで食べられると人気の商品になっています。

3．A-noker 株式会社の課題

課題：収穫作業の効率化による生産性向上

　アスパラガスの生産ノウハウが一定量蓄積されると、次に収入をより増やすために生産量をどう増やしていくかという課題に取組みました。た

だ、生産量を増やすには人手がかかります。地方では都市部以上に人手不足の問題が深刻で、農作業の働き手がいないため、いかに少ない人数で生産性を上げるかが大きな課題になっています。

　水稲のように整地から収穫、乾燥といったすべての工程で機械化されているものに対し野菜は品目も多く、見た目の品質が重視されるため機械化は技術的に難しくなり、その導入が大幅に遅れています。アスパラガスの場合、作業のなかでも特に収穫作業の効率化が課題となります。アスパラガスは生育が早く、収穫期には収穫作業を毎日行わなければいけません。それというのも1日で10cmから15cmほど伸びるため、適正な収穫時期を逃すと生育しすぎてしまい、販売できなくなってしまうからです。さらに、アスパラガスは水稲やキャベツのように圃場ごとに一括で収穫できるものではありません。1本1本生育状況が異なるため、それぞれの生育状況を確認しながら収穫すべきものを選択する必要があるからです。

　安東氏の圃場では作業人数の関係から1日に朝、夕の2回にわたって10アールほどの面積を一人で2〜4時間ほどかけて収穫を行っています。また、収穫時間においてもこだわりがあり、朝は水分が蒸発して品質を落とさないように日の出前から午前9時までに収穫をしています。作業自体は単純作業であるものの、しゃがみながらの作業のため腰やひざへの負担が大きく、体力的にもきついものです。このような収穫作業は安東氏の圃場の作業負荷のうち6〜7割を占めており、作業の効率化は大きな課題になっていました。当時、生育状況を判断し選別しながら収穫する技術は見つからず、このことが機械化（自動化）による作業の効率化を妨げている要因でもありました。

4．AI活用法

　安東氏は上述の課題に対し、inaho株式会社によるAI技術を活用した自動野菜収穫ロボットを用いて対応しています。鎌倉市にあるinaho株式会社はアスパラガスのような作物ごとに成長のばらつきのある収穫市場において、自動野菜収穫ロボットを開発し、2019年から導入（貸出）サービスを開始しました。人手不足や高齢化等の対策が必要な農業分野において、AIの導入は充分に行われておらず、ビジネスチャンスが大いにあると感じ、参入したそうです。当初は肉体的負担の多い雑草取りをするロボット

を作る予定でしたが、農家の方たちにヒアリングをしたところ、収穫する
ロボットの需要の方がより高かったため現在の製品の開発に至っています。大規模な設備投資が難しい小規模農家の方にも活用できるように、当該サービスは生産者に対しロボットを無料で貸出し、収穫高に応じて利用料を得るものになっています。複数のカメラとセンサー、ロボットアーム、および収納かごで構成された車両型（1250 mm × 390 mm × 550 mm）のロボットにより行われ、安東氏の圃場ではこのサービスを活用することで収穫作業の効率化に取組みだしています。

写真 3 - 5 - 1　　自動野菜収穫ロボット
写真提供 inaho 株式会社

　この自動野菜収穫ロボットにより行われる一連の作業は以下の内容になっています。
① 　圃場内の移動
② 　最適な収穫期を迎えたアスパラガスの選別および収穫
③ 　定量収穫後の通知
　①では予め設定されたルート（白いライン）をカメラで認識しながら圃場内や圃場間を移動します。②では最適な収穫期を迎えたアスパラガスのみをカメラで認識し、ロボットアームにより自動で収穫し収納かごへ納め

られます。この時の収穫の判断基準は地表からの長さになります。そして③では収穫量が収納かごの設定量に達したら作業者のスマートフォンへ通知される、といった手順になっています。この技術の中ではディープラーニングによる画像認識技術や強化学習によるロボットアームの動き等AIの技術が使われており、画像認識ではアスパラガスの形状と長さで判別が行われています。

写真３－５－２　自動野菜収穫ロボットによる選別収穫の様子
写真提供 inaho 株式会社

５．AI構築法

　後の４章で詳しく説明しますが、AIを構築し活用するには「学習フェーズ」と「予測フェーズ」の検証が必要になります。「学習フェーズ」では「学習済みモデル」を作成します。本件の場合、様々な形状のアスパラガスの画像を用意するとともに、収穫に適した長さのアスパラガスを判断できるようタグ付けし教師データを作成します。そして「予測フェーズ」では、この「学習済みモデル」に見せたことのない画像を用意し収穫に適したアスパラガスか否かをどれだけ正確に判定するかを確認していきます。

　開発には多くの課題を解決していかなければいけません。特に苦労した

点は自然環境の中での画像認識の処理だそうです。現場は工場のような室内ではないため、日の当たり具合や風の有無など環境は一定ではありません。日差しの強弱や風による葉の揺れ等は秒単位で変化し、画像の適切な処理に多くの影響を与えます。また、収穫は親木や収穫に適合しないアスパラガスをよけて行う必要があるため、ロボットアームの軌道生成も非常に難しい処理になります。これらの困難に対し2年半ほどの開発期間を費やして製品化し、現在もアップデートしながら精度の向上を図っています。また、上述のようなAIによるアスパラガスを収穫するロボットは業界として初めての製品であるため、参考とすべき品質基準はありません。そのため基準作りから開始しなければならなく、この点も苦労したそうです。

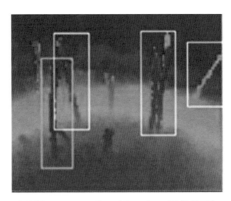

写真3－5－3　AIによる画像処理
写真提供 inaho 株式会社

6．AIの効果

　安東氏の圃場では、自動野菜収穫ロボットにより収穫作業の改善がなされた結果、作業の余裕もでき以下の取組が可能になりました。

① 圃場の拡大

　当初25アール、ビニールハウス9棟ほどだった圃場も現在は55アール、ビニールハウスは24棟まで増加しました。収穫が可能になれば自動収穫ロボットを使い増産に対応していく予定です。

②　新ビジネスの取組み

　新ビジネスとしてこれまで蓄積してきたアスパラガスの栽培ノウハウを、全国のアスパラガス農家や就農希望者に無料で提供し、生産したものをA-nokerが販売するビジネスを開始しました。農業の活性化や近年の天候不順によるリスク分散等から自社の圃場による生産だけでなく全国にその取組みを広げようと考えました。既に他県も含め何件か要望があり、その中には養護施設からのものもあり農福連携事業に繋げていきたいと考えています。A-nokerの今後の事業展開には、アスパラガスの品種の特性上、AI技術の活用が重要な要素になります。そのため、収穫精度（2020年現在：最大精度80％）や速度（2020年現在：12秒／1本あたり）の向上のほか、収納かごの自動取り換えなど今後新たな機能追加も要望しています。

　農業では、近年「スマート農業」が注目されています。「スマート農業」とはロボット技術や情報通信技術（ICT）を活用し、省力化や品質の向上に取組んでいる農業のことです。農業は生産者個々の規模の大きさや政策の変遷等もあって、機械化への取組みが遅れています。本件のようにAI等新しい技術の活用により自社の課題の解消だけでなく、ビジネスの拡大にも繋げることができます。機械技術の導入効果が最も高い事業分野の一つといえるでしょう。今後の取組みが楽しみです。

中小企業のAI活用事例 ⑥

中小製造業における不良品予測による不良率低減の取組み

1．事例の概要

項 目	内 容
テーマ	加工作業の不良品予測による不良率の低減
企業名	株式会社長濱製作所
業種	アルミ等の金属加工業
従業員数	28人
解決したい課題	主に人のミスによる不良品の低減
構築方法	不良品バスターと既存システムのデータ連携
活用効果	不良率の低減による生産性の向上

2．長濱製作所について

　同社はアルミ、鉄などの金属加工を行う従業員28名の中小製造業です。従来から発注先から図面を入手し、汎用機あるいは手作業で都度加工する多品種少量の受注生産を行ってきました。また、数年前から「長濱生産改革」と銘打って、どんな受注でも原則「3泊4日」で仕上げる工程計画を作り、納期厳守の体制を構築し得意先からの信頼も得ていました。一方、多品種少量では売上に限界があり、さらなる企業成長を図るためには、経営・業務改革が必要でした。そこで、多品種少量生産に加え、200個程度までの量産にも対応できる体制を構築して売上向上を図る経営革新計画を策定！京都府から承認を得ました。

　同計画は、量産対応できるように生産管理方式を変え、既存システムもリニューアルする内容であり、また量産用の機械も導入し第2工場も建築する事で、加工能力の向上を図るようにするものでした。そして、現在も計画達成のために取り組んでいます。

3．長濱製作所の課題

・課題：加工品の不良率低減

　生産管理等については計画通り進んでいましたが、工程内不良（社内で発見される不良品）が多い月で2.5％程度ありました。同社は受注生産のため、不良品が発生すると材料を再購買しさらに作り直す必要があります。これは、コストと時間が非常に無駄になるため、不良率低減は同社にとっての経営課題でした。

　同社ではリニューアルされた生産管理システムが稼働しており、作業現場ではPOP端末（作業の開始、終了等を入力する端末）を使い実績情報が入力されています。そのため、作業工程や検査工程での不良数、不良原因を集計することができます。この集計結果を見ると、不良原因の9割以上が「プログラムミス」など人的なミスでした。そのためまずは、現場のリーダー等を対象に不良品低減のための勉強会の開催などを行いましたが、大きな成果は出ませんでした。そこで、同社の生産管理システムに蓄積されている生産データを使ってAI活用ができないか検討することになったのです。

4．AI活用法

　今回、検討したAI活用は、まず予め過去の不良品データ（担当者、リードタイム、材質、難易度、不良数：教師データ）で学習させたAIに、明日以降に作業する作業データをインプットして、AIにその作業が不良になるかどうかを予測させます。その予測結果から、不良予測リストを印刷して、そこに書かれている作業の作業指示書に、重要という印鑑を押します。作業者は、印鑑が押してある作業を慎重に行う事で、不良率を低減させようとしたのです。急カーブ注意という看板があれば、通常ドライバーは減速します。それと同じ効果を狙ったわけです。そして、具体的には、生産管理システムをカスタマイズして、AIシステムに作業データを送れるように考えました。

　つまり、AIシステムから返ってくる不良予測データを生産管理システムが受信して、それを不良予測リストとして印刷して、作業指示書や図面に「重要」という印鑑を押す運用を考えた訳です。

5．AI構築法

　AIシステムは、中小企業AI普及ネットワークが開発した「不良品バスター：愛」を活用しました。本システムは、クラウド上にありAPIを活用して既存システムとデータ送受信を行います。そして、先の4つの項目により教師あり機械学習で学習させたAIに対して、不良品予測したい加工データ（学習時と同じ4つの項目）を、送信するとAIシステムから不良が予測される加工作業のデータが返信され、既存システムでそれを不良品リストとして印刷します（AIシステムは不良が予測される場合は1を、そうでない場合は0を返します）。図表3－6－1が、既存の生産管理システムをカスタマイズして、作業データを送信する画面です。左上の画面には、19年3月19日とありますが、これは3月19日に行う作業のデータをAIシステムに送るという意味です。そして、画面右の「問い合わせ」ボタンを押すと、AIシステムにデータが送信され、数秒後にAIシステムから返信があります。

図表3－6－1　データ送信画面と不良品リスト

　その内容を図表3－6－1（右下）のような不良予測リストとして印刷する訳です。そして、そのリストを現場に置いておき、作業者は自分がこ

れから行う作業があれば、自分で「重要」という印鑑を、作業指示書に押します。図表3－6－2が、その作業指示書と図面です。

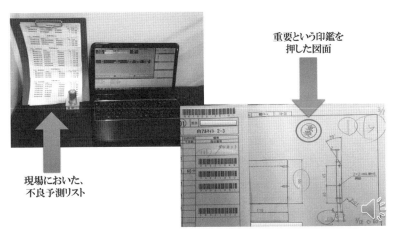

図表3－6－2　現場の様子

　尚、今回のシステムで利用したデータ項目やデータ数についてですが、データ項目は先にご説明した、担当者、リードタイム、材質、難易度の4項目です。担当者は作業をする担当者で、リードタイムは受注日から納期を引いた日数になります。材質は、アルミや鉄などの加工する材料の材質で、難易度は作業計画を作成する時に工場長が、作業ごとに設定する予定時間を利用しました。

　次にデータ量ですが、最初にAIに学習させた時は、上記4項目のデータを約1万件用意しました。今回は教師あり機械学習を行うため、1万件のデータには正常品と不良品のデータが入っています。不良があった時のデータ項目が、教師データになります。

材　質	予定時間	リードタイム	担当者（仮名）	不良数
A5052（4F）	20	1	京都太郎	1
A5052（4F）	40	5	京都太郎	2
S50C（6F）	40	7	京都次郎	0
S50C（6F）	10	20	大阪三郎	0
SS400（6F）	100	3	東京四郎	0
SS400（ミガキ）	60	5	大阪太郎	0
SUS303（6F）	180	9	京都三郎	0
A5052（4F）	20	10	東京五郎	1

図表 3 － 6 － 3　学習データと運用データの項目例

　そして、AI アルゴリズムを使い、複数の入力項目に対して「1」か「0」を返す AI を開発した訳です。たとえば、A さんが担当して、リードタイムが 10 日、材質がアルミで、難易度が 40 分の場合、このデータから不良の場合は「1」、そうでない場合は「0」を AI が返します。生産管理システムでは、AI から「1」が返ってきた案件を、不良予測リストに印刷しているのです。

6．AIの効果・成果

　このような AI システムを、約 10 ヶ月活用した結果、不良率が 1 ％前後まで低減した月があり一定の成果がでました。ただ、不良率が低減した要因は AI 活用だけでなく、繁閑時期の影響や加工担当者が変わったなど AI 以外の要因も考えられますが、AI 活用前と後では不良率に変化があったことは事実です。

　尚、このような過去データを活用した不良品予測は、従来の BI ツール（データ分析ソフト）でもある程度は実現可能です。たとえば、BI ツールを使えば、何が不良要因として最も影響があるかの相関分析ができます。しかし、新たなデータを使ってそれが不良品になるかどうかの予測までは難しいでしょう。また、BI ツールと既存システムを連携させて日々の運用ができるシステムを作る事も簡単ではありません。さらに、AI の特徴は、一旦学習した後に、さらに学習データを与える事で精度が向上することです。ですので、生産管理システムに、日々蓄積される生産・不良デー

タを逐次、AIシステムに送信して精度向上を図ることが可能です。

　AIシステムによる各種予測は、新たな技術であるAIを活用する事で、従来のITよりも精度が高く、かつ中小企業の運用に即したものが作れます。既存システムに蓄積されているレガシーデータを活用したAIシステムも今後増えていくと思われます。

Column 3
25年前のIoTとAI活用

　筆者は25年前にSE（システムエンジニア）として、主に製造業のシステム開発を担当していました。当時、機械設備が100台以上ある、大きな工場の機械稼働管理システムの開発を行っており、各機械に稼働状況を収集するセンサーを取り付け、構内ネットワーク（LAN）を使い、中央管理室に送信しデータベースに蓄積する仕組みです。システムの画面には各エリアの機械設備の稼働状況がリアルタイムに表示されます。何らかの障害で機械が停止すると、アラームが発生し停止した機械の場所がすぐにわかるようになっていました。

　当時はIoTという概念がありませんでしたが、今から考えると、これは立派なIoTなのです。現在、IoTが注目されていますが、実は25年も前からこのような仕組みやシステムがあったのです。

　しかし、25年前と今では、1つ決定的な違いがあります。それは、当時は「インターネット」が普及していませんでした。25年前のシステムは、あくまで1つの工場の敷地内にある機械設備の情報しか収集できなかったのです。もちろん、プライベートな回線を使えば工場外へのデータ送受信も可能でしたが、費用や速度の問題があり当時はあまり利用されませんでした。現在はインターネットが普及しているため、VPN等を使えば機密性が高いデータでも送受信でき、全国の工場にある機械の稼働状況を東京の集中管理室で一括して監視する事もできます。

　インターネットを含む通信技術の進展により、工場の機械に留まらず、自動車や家電、もちろんパソコンやスマホまですべての機器等がネットで繋がる時代になりました。これはあらゆるものからデータが集まり、ビッグデータが構築される事を意味します。そしてこれにより、AIが活用できる範囲も広がります。ビッグデータというと、GAFAに代表される大手のIT企業などをイメージしますが、中小企業にも多くのデータが存在します（あるいはこれから創る事もできます）。IoTの仕組み自体は25年前と変わりませんが、AIは確実に進歩しています。これからの中小企業は、自社のデータをいかに活用するかが重要になるでしょう。

第4章
AIの基礎知識

　ここまでAIでできることや中小企業のAI活用事例などをご紹介してきました。本書では度々AIはブラックボックスでいいと申し上げています。これは、概念実証やAIアルゴリズムの中身、Python言語の使い方などAIシステムを開発する時の技術を指します。第2章ではAIクラウドやPythonによるプログラム開発法について説明しました。そのため、ブラックボックスが少し薄くなったと思います。本章では、さらにブラックボックスを薄くして、中小企業がAI導入を行うために必要最小限の範囲で、機械学習やディープラーニングなどAIの基礎知識について解説します。

4-1

AI技術の沿革（歴史）

　AIの基礎技術をご理解頂くために、まずはAIの歴史を少し振り返ってみたいと思います。AIという言葉について、私達はここ数年前からよく聞く言葉ですが、AIという言葉の誕生はかなり古く、1956年のダートマス会議（アメリカのダートマス大学に在籍していたジョン・マッカーシー氏が主催したAIという学術研究分野を確立した会議）で初めて使われました。AI技術の研究は現在まで確実に進んでいますが、AI誕生から2度のブームと冬の時代を繰り返しながら発展し現在に至っています。つまり、AIは最近突然出てきた超新星のような技術と思われがちですが、歴史は古く、しっかりと地道に研究が行われていた技術分野であることがわかります。

4-1-1　【過去】AIの歴史（2度のブームと冬の時代）

（1）第1次AIブーム　探索・推論の時代　1950後半〜1960年代

　AIによる「推論」や「探索」が可能となり、特定の問題に対して解を提示できるようになったことがブームの要因でした。「推論」や「探索」とはルールとゴールが決められた枠組みの中でAIがなるべく早くゴールに辿り着けるよう選択肢を選び続けることを指します。

　たとえば迷路を説く場合、人ならペンで迷路をなぞりながら出口を見つけるでしょう。しかしコンピュータは分岐点に来ると、右に行く場合と左に行く場合に分けて、さらに進んで分岐点があると同じ様に処理します。単純処理はコンピュータの得意分野ですので、複雑な迷路でも短時間にゴールできます。このようにルールとゴールが決まっている場合は大きな力を発揮しました。

　ちなみに、30年前に京都に巨大迷路がありました。当時は大人気で子供から大人まで巨大迷路で楽しんだものです。この巨大迷路は、カップルなら手を取り合って迷路を抜け出し早く出口に到着するのがゴールです。これは人が自ら「推論」と「検索」を繰り返すという現代版USJのアトラクションのようなものでした。しかし、あくまでも巨大迷路というゲーム空間なので、カップルが早くゴールに着いたとしても、現実社会ではいろい

ろな理由でカップルがゴール（結婚）できるとは限りません。

　これと同じように当時のAIは、オセロやチェスのように決められたルールの中でゴール（チェスなら相手に勝つ）することは得意でしたが、実際の経営課題を解決するなど現実的な問題を解くことはできませんでした。これはトイ・プロブレム（＝おもちゃの問題：パズル、迷路、チェスなど）は解けても複雑な現実の問題は解けないことが明らかになったのです。その結果ブームが終焉し、1970年代からＡＩ研究は冬の時代を迎えます。しかしながら、「ニューラルネットワーク」の研究は続けられていました。

（2）第2次ＡＩブーム　知識の時代　1980年代

　京都市内を走るタクシーの運転手さんは市内の道路や観光地へのルート（知識）を熟知しています。また、時間帯毎の渋滞状況も頭に入っています。観光客の方が清水寺に行って下さいというと、スムーズに走れる最適な道を選んで走ってくれます。これは持っている知識から推論を行い、最適ルートを選択している訳です。

　1980年代の第2次AIブーム（知識の時代）では、この運転手さんのようなエキスパートシステムの開発が盛んになりました。これは専門家の知識を規則としてデータベース化して取り込み、AIに移植することによって現実問題に現れるさまざまな問題を解決するというアイディアから作られたAIでした。「エキスパートシステム」は知識ベース（もし〜ならば　という規則による知識の集まり）と知識ベースを使って推論を行うプログラムである推論エンジン（知識ベース内のルールに基づき外部から与えられたデータや事実を解釈し結論を導き出す）から成り立っていました。

　しかし、エキスパートシステムでは専門家の知識や問題解決手順をすべて知識としてデータベース化することが難しく、さらにデータ化できない暗黙知も多く1995年頃から再び冬の時代になったのです。

４−１−２　【現在】AI 時代の到来（第3次ブーム）
　　　　　機械学習・特徴表現学習の時代　2010年〜

　ディープラーニングの手法が注目され研究開発が進み、IBM-AIのWatsonがクイズ番組で優勝したり、GoogleのAIが猫を認識したり、「AlphaGo」がトップ棋士に勝利する等衝撃的なでき事もありました。第3

次ブームでは第2章でWatson等いろいろなAIクラウドを紹介しているように、多くの企業がAI開発に取組み現在のブームを牽引しています。

　急速にAIが発展できている理由は①インターネットやIoTの普及により爆発的ともいえる膨大なデータ「ビッグデータ」が集めることができるようになったこと、②GPU（画像描写用の演算装置）などによりによりコンピュータ処理能力が急速進展したこと、③ブームが去り資金援助も厳しかったり、批判されたりし、厳しい冬の時代においても地道にディープラーニングの研究を続けていた研究者が存在したことが挙げられます。

　一般的には現在第3次AIブームといわれておりますが、ブームとは去っていく一過性のものであると考えるならば、今回はブームではなく、本格的なAI時代の到来と捉えるほうがいいと思われます。なぜなら、AIは画像認識をはじめ様々な分析の手法として世の中に受け入れられ、GAFA（Google・Amazon・Facebook・Appleの主要IT企業）をはじめ多数の企業が利用し世の中で活かされており、AI活用が一過性のブームではなく、世の中のスタンダードとなる時代が到来しているからです。AIは日常においてなくてはならない存在となっています。この機会を逃さずに中小企業は、AIを積極的に活用して生産性向上に取組む必要があるでしょう。

時代	AI状況	説明	ブームの終焉
1950年代	第1次AIブーム	コンピュータがなるべく早くゴールに着けるよう選択肢を選び続ける事を目指す	トイ・プロブレム（おもちゃの問題）は解けても、複雑な現実の問題は解けない事が明らかになった結果ブーム終焉
1960年代			
1970年代	冬の時代		
1980年代	第2次AIブーム	エキスパートシステムの開発が活発になる	AIが現実的に起こりうる問題全てに対処することができない事が判明しブームの終焉
1990年代			
2000年代	冬の時代		
2010年代	第3次AIブーム	ディープラーニングの技術発展	

図表4-1　AIの歴史

4 − 2
従来のシステムとの違い

4 − 2 − 1　AI（人工知能）と IT（情報技術）

　ITは今では企業活動において欠かせないものとなっており、AIも今後の中小企業において重要なパートナーになってきます。しかし、そもそもAIとITはどう違うのでしょうか？

　ITとは、「Information Technology」の頭文字をとった単語で、インターネットやコンピュータを駆使した情報技術の総称を意味します。

　一方、本書ではAIを「中小企業の生産性向上の新たなパートナー」と定義していますが、技術的視点からは、「認識、判断など人のように（知的）処理を行う情報技術」と言えます。

　また、1章ではITを「使うIT」、AIを「考えるIT」と区別してその違いを説明しました。そして、もう少し技術的な角度からAIと従来のITの違いを考えると、ITは文字通り業務で必要な情報を、データとして「使う」システムとも考えられます。またAIは「考えるIT」ということで過去のデータを使って「考える（判断する）」システムとも言えます。そして、この「使う」と「考える」違いから「システムの作り方」が異なってきます。

　ITシステムでは、システムを作る際にプログラムを考える人が、すべてのつながりを論理的に考え、プログラムを記述して作っていきます。たとえば在庫管理のシステムを作る場合、A商品が倉庫から出されたら、出された個数をデータベースから引き算する。その際システムがA商品の在庫数を確認して、10個以下ならアラートを出すなど論理的に作っていきます。また、10個以下という判断は適正在庫の理論から基準を人が考えます。

　では、AIシステムはというと、基本的にはITシステムと同じように、すべてのつながりを考えてプログラムを記述していきますが、1つだけ決定的に違う点があります。それは、ある事柄に対する判断基準を人間が決めるのではなく、データから最適な判断基準をAIが計算して求める点です。

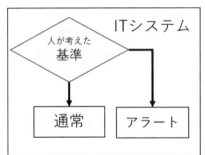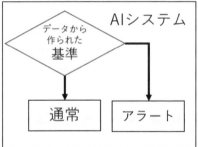

図表 4 − 2　判断基準の違い

　詳しくは 4 − 3 で説明しますが、まずデータから最適な判断基準を計算するための作業が必要になります。この作業工程のことを「学習フェーズ」と呼びます。学習フェーズでは、たとえば不良品と良品はどうちがうのか？という判断の基準をデータから計算で求めます。そしてできあがった判断基準を使って IT システムと同じようにシステムを構築していきます。

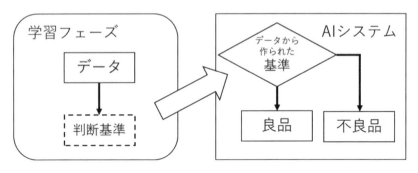

図表 4 − 3　学習フェーズ

　つまり、従来の IT システムを構築する前に学習フェーズと呼ばれる作業が増えるのが AI システムの大きな特徴になります。更に、できあがった判断基準が実際の業務で利用可能かを事前にチェックする必要もあります。

4-2-2 開発方法の違い

まず、従来のITシステムを開発する方法についてお伝えします。
従来のシステム開発には様々な方法がありますが、本書では古くからある
一般的なシステム開発手法ウォーターフォールモデルについて解説してい
きます。この開発手法は、水が高い所から低い所に流れるように、上流工
程から下流工程へ順番に実施していくため、ウォーターフォール型と呼ば
れています。

ウォーターフォール型開発では「要件定義」「機能設計(外部設計)」「PG
開発(内部設計・プログラム開発)」「テスト(単体テスト・総合テストな
ど)」といった工程で進んでいき、最終的にシステムが本稼働することに
なります。

図表4-4　ウォーターフォール型開発

その後の流れは専門書にお任せして、それではAIシステムを開発する
場合はどうでしょうか?実は従来のITシステム開発と同じ流れで開発す
る部分とそうでない部分があります。まず従来と同じ部分は、AI導入に
おける「AIシステム構築の領域」つまり、AIをシステムに組み込んでいく
部分になります。図表4-4では「機能設計」「PG開発」「テスト」などに
該当し、第1章のAI導入プロセスでは「AI開発」と表現しています。そし
て従来と違う部分は、「AI企画の作成」「概念実証」があることです。

なぜ従来と違う部分がでてくるのでしょうか?それは、従来のITシス
テムではボタンを押せば当然100%正しい答えが返ってきます。正しくな
ければそれはバグ(誤り)です。しかしAIは100%正しい答えを出さない
ので、答えが間違っていてもバグではありません。このことから従来の
ITとは「精度」において違いがあるため、開発方法においても従来のITと
は違いが出てくるのです。

特に、現在のAIシステム開発において1つの大きな問題があり、その

ことが開発方法にも影響を与えています。それは、プログラムを実際に動かしてみないと、どのくらいの予測精度がでるかわからないということです。そのため、全部作りこんでも予測精度が悪く、使い物にならないこともあり得ます。

　そこで、AI システムを作る際には、今回開発する AI が使い物になるかどうかを、事前に確認する作業が必要となります。この確認作業が、第 1 章で紹介した「概念実証」といわれるもので、AI システム開発の特徴となっています。

4 - 2 - 3　運用法の違い

　その他の違いとしては、稼働後の運用にあります。従来の IT システムは、極端な言い方をすれば、開発すればそのまま使い続けることが可能です。しかし AI は、そのまま使い続けると予測精度が落ちていくことが予想されます。特に現在主流の AI は自分で勝手に賢くなってくれるわけではありませんので、判断基準が古いままでは環境の変化に対応できなくなる可能性が高まります。そこで、それまでに新しく蓄積されたデータをもう一度学習し直す、再学習による運用が重要になります。再学習は 5 章で詳しく解説しますが、人間も寝ている間に、今日入ってきた新しい情報を含め、今までの脳内の情報を整理していますので、AI にもそのメンテナンスは必要になります。

4 - 3

機械学習とは

　AI システムは従来の IT にはない概念実証という工程があり、機械学習を使って学習し精度を検証します。機械学習の詳細はブラックボックスでもかまいませんが、概要を知っていないと AI ベンダーと話もできません。ですので、ここではブラックボックスを少し薄くするための解説をいたします。

4 - 3 - 1　概要

　第 2 章でもお話ししたように、AI は私たちの生活の様々な場面で実用化

され、私たちは知らないうちにそれらサービスの恩恵を受けています。たとえば、自動掃除機・自動運転・接遇ロボット・インターネット検索エンジン・スマートスピーカーなど、幅広い分野でAIは活躍しています。そして、その基礎技術には機械学習というものが利用されています。

　機械学習とは、一言でいうと「コンピュータがデータから学習を行い、パターンや特徴を見つけ出して、未知のデータに対して予測を行う」ことです。たくさんの猫の画像から、猫の特徴を見つけ出し、見たことのない猫の画像を見ても「これは猫です！」とコンピュータが予測するイメージです。

図表4－5　機械学習のイメージ

　ここでは、機械学習の説明を始める前に、そのイメージを表現・説明するために、次の言葉を定義します。なお、2章では識別・予測・実行がAIでできることとご説明しましたが技術的な解説をするため、2章とは少し違う意味合いで言葉を使用しますのでご了承ください。

・「学習」……「」つき学習は、コンピュータが計算する学習
・「予測」……「」つきの予測は、教師あり学習でできることの総称
・「仲間わけ」……「」つきの仲間わけは、教師なし学習でできることの総称
・「分類」……「」つき分類は、教師あり学習での技術的手法

　さて機械学習が得意なことは大きく 2 つあり、1 つめが未知のデータを「予測」すること、2 つ目が「仲間わけ」をすることです。そして「予測」「仲間わけ」をするために「学習」をすることが機械学習の大きな特徴です。

　このように機械学習は、従来の IT 技術には見られない「学習」をします。そしてそのことが AI と IT との大きな違いになります。そのため、利用者側としては人のように予測することに関心がありますが、開発者側としては「学習」の作業が大きな山場になります。また、概念でいうと、ディープラーニングや強化学習も機械学習の中に入ります。ディープラーニングは 4 - 4 で詳しく説明しますが、強化学習は少し特殊なので本書では扱いません。

4 - 3 - 2　学習について

　ここまで「学習」という言葉が何度か出てきましたが、コンピュータが学習するとはどういうことでしょうか？これは、与えられたデータからパターンや特徴を見つけるために繰り返し計算することです。何を計算するのか？それは、最適な判断基準 (学習済みモデル) を計算することです。

　最適な判断基準を説明するために図表 4 - 6 をご覧ください。左図は、ある大学受験の模擬テストの国語と数学の点数を●で一人一人プロットした図になります。国語 100 点、数学 100 点の生徒は右上位置し、両科目 0 点の生徒は左下に位置します。また右図には○と×が付いていますが、これは同じ模擬テストの得点分布に、その後の志望校の合否を照らし合わせており、○は合格した人で×は不合格だった人を表しています。さて、模擬テストの点数からどの辺りが志望校の合否の境目でしょうか？

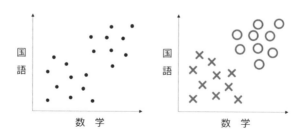

図表 4 - 6　模擬テストの得点分布

　図表4－7のような境界線(合否のライン)が思い浮かんだのではない
でしょうか？この境界線より上の人が合格しており、下の人が不合格と
なっています。ざっくり表現するとこの境界線が大学受験での志望校の合
否を予測する判断基準と考えられます。(今回の場合aの値はマイナス、b
の値はプラスになる。)

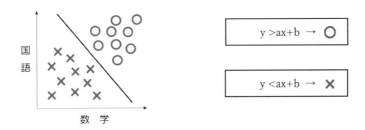

図表4－7　模擬テストの得点分布と合否の境目

　この境界線は直線なので、実は数式で書き表すことができます。した
がってコンピュータで計算することも可能です。機械学習における「学
習」とは、この合格ラインのような判断基準を数学的に決めていく作業に
なります。

　図表4－7は国語と数学の2科目の場合ですが、データが5科目など複
雑になっても考え方は同じで、判断基準が曲線や面になっていくだけです。
曲線や面も数式で表現できますのでコンピュータで計算することが可能で
す。こうしてできあがった合格ラインのような判断基準を、学習済みモデ
ルといい、AIの核となる部分になります。

　あとはこの判断基準の数式に未知のデータを代入するだけで、志望校に
合格できるのか不合格なのかを予測することができます。たとえばこの模
擬テストで数学65点、国語90点のA君は合格か不合格かといわれると、
合格ラインの上なので志望校に合格できそうですと予測することができま
す。これが、世間を賑わせている多くのAI(人工知能)の中身なのです。

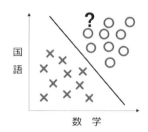

図表4－8　A君の合否予測

　また、学習するデータの種類に着目すると「教師あり学習」「教師なし学習」に分けることができます。この項の冒頭で機械学習の得意なことを「予測」と「仲間わけ」と説明しましたが、実は教師あり学習と教師なし学習という技術に関連してそのイメージをご紹介しました。

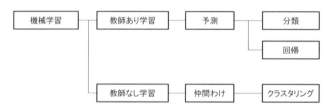

図表4－9　教師あり学習・教師なし学習

　「教師あり学習」とは、準備するデータに教師データ(正解ラベル)といわれる正解をつけて学習する方法をいいます。猫や犬の画像だけで「学習」させるのではなく、猫の画像と「猫」という正解をセットで学習させるイメージです。図表4－6も合格か不合格かという教師データが付いています。このように教師データを一緒に「学習」することで、猫か犬かという「予測」ができます。

　逆に考えると何かを具体的に「予測」させたい場合、たとえば画像から良品・不良品を予測したい場合は、「学習」させる完成した製品の画像すべてに「良品」か「不良品」という教師データ、つまり正解が必要になります。

図表4−10　教師あり学習で必要なデータ

　一方、この正解をつけずに学習する方法を「教師なし学習」といいます。猫の画像だけを学習させることになります。猫や犬の画像だけを学習させてどうなるのか？それは「猫」と具体的にはわからないが、特徴が似たものがわかります。つまり「仲間わけ」ができます。「仲間わけ」ができることで、新しい犬か猫の画像を入力すると、「猫」とはわからないが、こういう複数の画像と似ていますということがわかります。

　Amazonで本を購入しようとすると、私の購入履歴から、他の人は一緒にこんな本を買っていますよと教えてくれます。これがまた興味をそそるラインナップで、私はついついポチッと押してしまうことがあります。具体的にこういう人達ですという正解はないのですが、内容を見てみると車が好きそうなグループ、音楽が好きそうなグループなどに該当しています。うまい具合に「仲間わけ」をすることで、そのグループの人達が目的外の魅力ある商品を目にして、ポチッと押すことで、売上を向上させている例になります。

4−3−3　分類・回帰・クラスタリングについて

　これまでは、コンピュータが学習するということについてみてきましたが、いよいよその判断基準を基に予測をするところを説明していきます。

　機械学習ではコンピュータが、過去のデータ（訓練データ）から得た判断基準をもとに、何かしらの予測値（数値）を出力することになります。

　教師あり学習の場合は、コンピュータが返してくる「予測」を2種類の手法に区別することができます。犬か猫か、合格か不合格かのような「分類」と呼ばれるものと、明日の来店客数、明日のアイスクリーム売上高の

ような「回帰」と呼ばれるものの2種類です。「分類」では画像認識のような機能、「回帰」では、需要予測のような機能が実現できます。

教師あり学習	
分類	どの正解に属するか予測。 機能：画像認識・音声認識・テキスト分類 AIでできること：識別（目・耳・口）の一部に該当
回帰	連続した数値における予測。 機能：需要予測（来店者予測・価格予測） AIでできること：予測（頭脳）の一部に該当

図表4－11　教師あり学習でできること

　この違いを詳しく説明すると、「分類」では、犬と猫の画像に対して、犬と猫という正解を、コンピュータ上では0が犬、1が猫のように番号を付けて管理します。一方「回帰」では気温が25度に対して売上が100万円のように、100万円という正解に番号をつけて管理しません。100万円が正解です。

図表4－12　番号を付ける

　このときの教師データについて着目すると、「分類」の0か1かには数値的な意味がありません。別に0が猫で1が犬でも何の問題もないからです。では100万円はどうでしょうか？100万という数値の大きさに意味があります。100万円と1万円では商売に大きな影響が出てきます。

　つまり、教師あり学習では、2択問題のような離散的な数値を扱う「分類」と売上予測のような連続する数値を扱う「回帰」があると押さえれば十

分です。

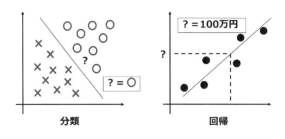

図表4－13　分類と回帰

　一方、教師なし学習の場合は、4－3－2でも説明しましたが、正解がないので「ズバリこうです!」とは予測できませんが、「仲間わけ」ができます。具体的にはデータから共通するパターンや特徴を持つグループを見つけたりすることができます。このことを「クラスタリング」といいます。

教師なし学習	
クラスタリング	互いに似ているものを集めてグループをつくる。 機能：リコメンド・異常検知など AIでできること：予測(頭脳)の一部に該当

図表4－14　教師なし学習でできること

　クラスタリングでは、先ほどの例のように購買履歴から、同じようなものを購買している人達のグループを見つけて、お勧め商品を案内するなど、リコメンドとよばれる機能が実現できます。また身長や体重のデータでは、体形毎にグループを形成するイメージです。

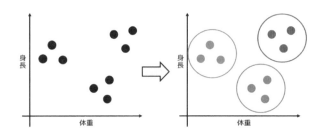

図表4-15　クラスタリングのイメージ

4-3-4　アルゴリズムについて

　ここまで機械学習における学習や予測について詳しく解説してきましたが、AI導入に際しては、もう一歩踏み込んだ話が登場することがあります。これは第1章でご紹介した「概念実証」や「AIエンジニアの領域」なのですが、中小企業がまったく知らないとベンダーとのやり取りで誤解が生じたり、ベンダーのいいなりになったりしますので少しだけ解説していきます。

　「学習」するということは、判断基準を計算することと説明しました。しかし、実は判断基準を計算するための方法が色々存在します。その方法のことをアルゴリズムと呼んでいます。

　単純な場合分けを繰り返したり、人間の神経細胞を真似てみたり、アルゴリズムには様々なものがあります。当然、それらをすべて理解する必要はないですし、日々新しいアルゴリズムが登場しており、それらすべての論文を読んで理解することも難しい状況です。

　そのような状況の中で、古くからあるアルゴリズムの一例をあげると図表4-16になります。なお4-4で解説するディープラーニングは、ニューラルネットワークの層を深くしたものなのでここではほぼ同じと考えてください。

データの種類	アルゴリズムの種類	用途
教師あり	決定木	「分類」
	ロジスティック回帰分析	「分類」
	線形回帰分析	「回帰」
	サポートベクターマシン	「分類」
	ランダムフォレスト	「分類・回帰」
	ニューラルネットワーク （ディープラーニング）	「分類・回帰」
教師なし	K-means 法	「クラスタリング」

図表4－16　アルゴリズムの種類

　基本的にはデータサイエンティストが行う作業ですが、アルゴリズムに関して中小企業の経営層の方に知っておいて頂きたいことは2つです。

①業務に必要な機能を実現するためには、適切なアルゴリズムを選択しなければいけないこと
②どのアルゴリズムを使えば予測精度が上がるかなど試行錯誤が必要なこと

　①では「分類」を行いたいのか、「回帰」を行いたいのかで選択するアルゴリズムが変わります。料理をする場合も「煮る」時にはなべ、「炒める」時はフライパンのように、同じように火をかけて調理する場合でも、道具を使い分けます。②では「分類」といっても多数アルゴリズムがあり、どれがいいかは2020年段階では、やってみなければわかりません。そのため、試行錯誤を必要とします。試行錯誤の詳しい内容まで理解する必要はないですが、その内容を少しだけ解説いたします。

　たとえば、工場で「不良が出る・出ない」を予測したい場合は、「分類」のアルゴリズムを使用して「学習」していきます。図表4－16を見てください。用途に「分類」と書かれたアルゴリズムが沢山あります。この図表中でも数種類の「分類」アルゴリズムがありますが、実際はもっとたくさんのアルゴリズムの中から決定していきます。大量のデータを使って、1つ1つのアルゴリズムで「学習」させた上で、一番予測精度が良さそう

なものを選んでいきます。更に、ある 1 つのアルゴリズムを決めて学習させる場合にも、学習するために様々な調整が存在し、その調整は基本的に 1 回 1 回「学習」を最後まで行った上で、微調整をして、もう一度「学習」をやり直す作業になります。

　料理で例えると、シェフがフライパンを使ってまったく同じ食材・味付けで料理をする場合でも、フライパンの材質や火加減、炒め時間など様々条件でできあがる料理の味が変わってくるのと同じです。最高の味を追求するため、様々な条件を変えて究極のメニューを作るが如く、AI の予測精度向上のために試行錯誤は行われます。そのため、この試行錯誤は AI エンジニアの腕の見せ所でもあります。

4 － 3 － 5　予測について

　さて、できあがった判断根拠を使って実際に予測をするとどうなるのでしょうか？犬と猫の画像認識の場合、当然ながら「犬」か「猫」かの答え（予測）を返してくれます。実際は 1 枚の画像から「犬」の確率と「猫」の確率を計算していて、「犬」の確率は 90 ％で、「猫」の確率は 10 ％ですという答えを返しますので、値の大きいほうを採用して「犬」と決めます。

　個人的に趣味で AI を作ると、この段階で答えがでましたパチパチとなりますが、実際業務で利用する場合には気になることがあります。そうです。答えがあっているの？どのくらい間違うの？というモヤモヤ感です。

　それを解消するために、「予測精度」という言葉が使われます。しかし、2020 年現在のところ正式な指標が決まっておらず、慣習的に利用されている指標を用いることが多くなっています。そして「分類」における予測精度で一般的に使われているのが、予測したデータのうちどれだけ正確に予測することができるかという「正解率（accuracy）」です。しかし、これらの指標を用いて評価を行う際は、注意点がいくつかあります。

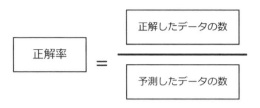

図表4-17　正解率

　まず、評価に使うデータは別で用意する必要があります。これは、「学習」させるときに使った「猫」の画像を予測させて、答えがあっていてもまったく意味がないからです。つまり、「学習」に利用した画像の予測をし、それを評価するということは、学習した内容をすべて丸暗記できていますか？という評価でしかないのです。

図表4-18　丸暗記のイメージ

　開発したAIが利用できるかどうか知りたい場合は、AIがまだ見たことのない画像に対してどの程度正解できるか重要になるでしょう。個人商店でメロンパンなど認識したい場合、まったく同一の焼き上がりなどおそらく存在しないと思います。日々微妙に違う焼き上がりのメロンパン画像に対して、どのくらい正しく認識できるのか。そこが知りたいと思います。そして、このような未知のデータに対して正しい予測ができる能力を「汎化能力」といいます。ですから、汎化能力を評価する場合は、使うデータは別で用意する必要があるのです。そして、AIの学習は人間の学習（勉強）

とよく似ています。大学の入学試験をイメージしてみてください。皆さんは試験を合格するために、様々な過去問を勉強すると思います。しかしながら一生懸命頑張っても、試験に不合格になることがあります。これは、過去に出たことのない新しい問題を解く力、すなわち汎化能力が優れなかったからではないでしょうか？

　では、汎化能力が優れないとはどういった時に起こるのでしょうか？ 1つはそもそも学習が進んでいない時です。この症状で不合格になると、予備校に通い次年度以降に合格できることでしょう。つまりもっと勉強すればいいだけの話です。しかし学習が進みすぎても不合格になることがあります。この症状は、誰も解けていない過去問を一生懸命勉強している状態です。変に特定の過去問にフィットしてしまい、結局みんなが解けている簡単な問題を落としてしまう状態です。このような状態は、機械学習でもよく起こり、「過学習」と呼ばれています。

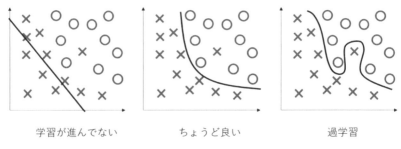

学習が進んでない　　　　ちょうど良い　　　　過学習

図表 4 − 19　過学習のイメージ

　更に AI の正解率を考える上で、重要なことがあります。それはデータの偏りです。たとえば、肺がん検診 AI を開発し、肺に異常があるかないかを支援する状況を考えて見ます。胸部 X 線撮影をして肺がんがあるかないかを調べるスクリーニング検査なのですが、実はほとんどの人が肺がんにはかかっていないのです。日本医師会が公開しているデータによると、1万人が肺がん検診を受けると、割合的に 4 人しかがんにかかっている人がいません。この場合、AI など活用せずに、すべての人に対しすべて異常なしと結果を返すとどうなるでしょうか？誰が肺がん検診を受けても、画像も見ずに全員に「異常なし」と判断するという意味です。1万人全

員異状なしと判断すると間違うのは4人だけです。9,996人分は正解します。つまり、実質何も判断せずに99.96％の正解率を返すことになります。99.96％の正答率は素晴らしいですが、実はがんにかかっている肝心な4人をすべて誤診しています。このように「正解率」という指標だけをみて判断するのは非常に危険になります。この場合は、がん患者である4人のうち何人を異常ありと診断できるかの方が重要な指標になります。この指標は正確には「再現率」といい、がん患者4人のうち3人が発見できれば75％となります。「正解率」が95％でもがんにかかっている人を4人とも異常ありと診断できる「再現率」100％の方が、「正解率」99.96％で「再現率」0％のシステムより優秀なシステムと言えるでしょう。なお、これらの関係を図表4－20に示しますので参考にしてください。

　このように、AIで分類を行う場合は、目的によって目標とする指標をかえることも重要です。「正解率」という言葉に惑わされないように注意してください。

　なお、「回帰」の場合は「二乗平均平方根誤差(RMSE)」や「決定係数（R2)」と呼ばれる指標などを使い予測の精度を検証します。ただ、専門的になりますので本書では説明を割愛させて頂きます。

		AIによる予測		合計
		癌がある	癌がない	合計
実際の健康状態	がん患者	A人(正)	B人(誤)	A+B人
	健康な人	C人(誤)	D人(正)	C+D人
	合計	A+C人	B+D人	A+B+C+D人

正解率＝(A+D) / (A+B+C+D)
再現率＝A / (A+B)

		AIによる予測		合計
		癌がある	癌がない	合計
実際の健康状態	がん患者	0人(正)	4人(誤)	4人
	健康な人	0人(誤)	9996人(正)	9996人
	合計	0人	10000人	10000人

正解率＝9996人/10000人＝99.96%
再現率＝0人/4人＝0%

		AIによる予測		
		癌がある	癌がない	合計
実際の健康状態	がん患者	4人(正)	0人(誤)	4人
	健康な人	500人(誤)	9496人(正)	9996人
	合計	504人	9496人	10000人

正解率＝9500人/10000人＝95.0%
再現率＝4人/4人＝100%

図表4－20　正解率と再現率

4－3－6　特徴量について

　機械学習では予測したいこと(出力)に対して「学習」させるデータ項目の選び方が非常に重要になります。質の悪いデータ項目を学習させても、ポンコツなAIができ上がるだけということになります。

　たとえば、アイスクリームの売上を予測したいときには、その日の「気温」に注目すると精度の良い予測ができそうです。しかし、地域のその日の「婚姻届けの数」や「出産数」に注目しても意味のある予測は困難でしょう。これはその日の地域の出産数が、アイスクリームの売上にほとんど関係がないからです。アイスクリームの例だと人間が考えてもわかりやすいですが、実際の企業が要求する予測に対しては、複数の事柄が複雑に絡み合っていて読み解くことが困難です。アイスクリームの事例でいうところの「気温」のようなデータ含めず学習をすると、予測精度が悪くなるのは想像しやすいでしょう。

　このように機械学習の予測精度を左右するような、キーとなるデータが存在することが多いです。このキーとなるデータ、つまり知りたい事柄に関する特徴を量的に表したものを特徴量といいます。そのため、アイスクリームの売上についての特徴量は「気温」ということになります。

　このような特徴量の見極めは、基本的にデータサイエンティストと呼ばれる専門家の領域のため、中小企業が見極める必要はありません。しかしその専門家もすべての業種・業界・業務に知見があるわけではないので、専門家と業務などに関する知識の共有を行うことで、専門家の作業効率が上がり開発スピードの向上や予測精度の向上が見込めます。

　つまり、中小企業としてはベンダーに丸投げするのでなく、特徴量見極めのために情報共有をしていくことが重要になります。

　ところで、画像認識での「犬」の特徴量は何でしょうか？おそらくパッと答えられないと思います。以前の研究者の方々は、目の形、顔の骨格、耳の形状など１％の正解率向上を目指し、日夜頑張って「犬」の特徴量を考えていました。しかし、この後に説明するディープラーニングの登場により、画像認識の世界ではその必要がなくなりました。

４－３－７　機械学習活用のポイント

　この項では、機械学習について、中小企業がAIを導入しようとするときに知っておきたい内容について説明してきましたが、まとめると次のようになります。

・機械学習ではデータを「学習」して、判断基準(学習済みモデル)を作る。
・AIシステムで実際に予測に利用するのは、できあがった判断基準である。
・判断基準を計算させる方法はアルゴリズムと呼ばれたくさん種類がある。
・データには正解を紐づけることが多く、教師あり学習と呼ばれている。
・学習はすればするほど良いわけではなく、過学習と呼ばれる状態になる。
・過学習を起こすと現場での予測精度(汎化能力)が悪くなる。
・AIを評価する場合、目的に合わせて適切な指標を選択する。
・実は特徴量を考えることが１番重要で、学習させるデータ項目はベンダーに任せきりではなく、業務に関する情報の共有などを行い、共に考える必要がある。

　これらのことを押さえると、AIというブラックボックスが薄くなり、AIを効果的に導入できるようになります。

　また留意点として、判断基準が明確なもの(特徴量がわかりやすいもの)は、わざわざデータから学習するようなAIを活用しなくても、人間がロジックを考える従来のITシステムで十分に対応できます。

　たとえば、画像の赤と青などの色を「分類」したい場合は、画像データのピクセルの値を取り出し、(255,0,0)なら赤、(0,0,255)なら青のように人間が指定すれば問題は解決します。しかしデータ項目が大量にありそ

の判断基準が複雑な場合や、判断基準を考えるのが煩雑な場合には、機械学習はすごい威力を発揮することが多くあります。

　また、従来のBIツールを使って、ある程度予測が可能なことであっても、予測(業務)の効率化のためにAIを活用することがあります。たとえば、不良品予測を行う場合、生産管理システムからデータを取り出しBIツールに入力し不良になりそうなものを「人間」が予測して、それを現場に伝える。なんてことをしていたら普段の業務には使えそうにありません。そのため、簡単な予測でもAIが自動で判断することで、不良率の低減と共に予測(業務)の効率化も図れることになります。

　さらに、4 - 3 - 3 でお話したように、教師あり・なしと使うデータの種類によって、「分類」「回帰」「クラスタリング」などAIの機能も変わってくることには十分注意が必要です。逆にいうと必要な機能を実現するためには、使用するデータの準備が重要ということになります。画像認識をするために「分類」を行う必要がある場合は、教師あり学習をするために「猫」「犬」のような教師データを画像と共に準備する必要があります。

　また、「アイスクリームの売上予測」という目的に対して、「気温」のような明確な特徴量を学習データとすることで予測精度は向上します。

　繰り返しになりますが、今あるデータからどんなAIが作れるかよりも、解決したい課題に対してどういったデータが必要か考えることが最も重要となります。

　最後に、中小企業だけでなく企業がAIを導入する際に、第5章で解説する概念実証といった前段階の工程があります。ここで、AIを導入するかどうかを決定しますが、必ずしもAIを導入するのが良い場合ばかりではありません。予測精度の改善が見込めないままシステムを導入しても失敗は目に見えていますし、コストが増大するだけで、生産性の向上にはつながりません。このようにデータ項目やアルゴリズムの変更を試行錯誤しても、十分に予測精度が出ない場合などは、AIを導入するかどうかを経営判断としてしっかりと決定することが大切になります。

4-4

ディープラーニングとは

4-4-1　概要

前節では機械学習について詳細な説明をしてきましたが、本節では最近特に注目されているディープラーニングを説明していきます。機械学習とディープラーニングはどう違うのか？違うのはどうしてか？など、ここでは、中小企業がAIを導入するために必要なディープラーニングのしくみをご理解ください。

まず、ディープラーニングが注目されている理由は一言でいえばディープラーニングの手法が従前の機械学習の手法より「性能が良いから」です。特に、画像や音声、言語などの非構造データ（エクセルなどの表形式で表現できないデータ構造）の特徴量を抽出して、予測や仲間分けすることに優れています。これは第3章のAI活用事例で、画像認識による不良品判別や野菜の収穫ロボットにディープラーニングが活用されていることからもわかります。

このように性能が良くて今、大人気のディープラーニングですが、ディープな説明の前に、機械学習とディープラーニングの関係と違いを説明します。

なお、機械学習もディープラーニングもAIを実現する手法ですが、機械学習のひとつの分野がディープラーニングです。ディープラーニングは機械学習の一部であることをまずはご理解ください。

（1）機械学習とディープラーニングの違い

①特徴量設計が不要

ディープラーニングは非構造データの「特徴量」を完全自動化し、AI自らが学習データから特徴量を定義します。つまり特徴量設計が不要であることが、従前からの機械学習とディープラーニングの一番大きな違いです。このことについては後でしくみとともに説明します。

②ディープラーニングのしくみは「ブラックボックス」

　第 2 章でもお話しておりますが、従前の機械学習は、1 次方程式を使って分類するなど計算処理と結論を導く過程がわかる「ホワイトボックス」でした。しかし、ディープラーニングでは計算処理が複雑なため結論を導く過程が「ブラックボックス」です。このことはディープラーニングを利用してある一定の結論に至った場合でも、人にとってはなぜこんな結論になったがわからない、言い換えれば、ディープラーニングの判断根拠が不透明な「ブラックボックス」であることです。

　「ブラックボックス」であることは AI の判断根拠が不透明になるため、人命を左右する分野等でディープラーニングを使いづらいものとなっています。

　たとえば、乗用車での自動運転で事故を起こした場合、原因が解明できません。また、医療現場で症例から AI 診断を行った術式で手術した場合、仮に失敗してもなぜその術式を選択したのか判断根拠が説明できず原因究明できません。人材採用合否判定 AI の場合、学生の採用サイトへの訪問頻度なのか説明会への出席率なのか等ディープラーニングがどこの情報を重視し採用の合否判定したのかわかりにくく合格の根拠を説明できません。

　現在「ブラックボックス」から「ホワイトボックス」化される XAI（説明可能な AI）の技術開発が急ピッチで進んできています。今後世界中でさらなる開発競争が激化され、ディープラーニングのプロセスの可視化と更なる活用が期待されています。

　なお、人命にかかわるようなシーンでは使い難いですが、医療現場での AI 診断を人が再度確認する、乗用車での自動運転では人の運転をサポートするなど人の判断を支援するシーンでは大きな効果があり、現在でも利用されています。また、製造業における不良品判別や農業における野菜の判別などは、人命にかかわる業務ではないため、多少の間違いは許されます。それさえ許容できれば、中小企業でも大きく生産性を向上させることが可能となります。

③ディープラーニングは一気通貫処理で学習

　従前の機械学習では、AI アルゴリズムをいくつも試したりデータ項目

を変えたりして精度向上を図りますが、ディープラーニングはEnd-to-end computing(端から端まで一気通貫処理)という方法で学習します。そのため、大量のデータを学習させるだけで答えを導き出すモデルを作ってくれるところに従前の機械学習との大きな違いがあります。また、ディープラーニングではより一層データの正しさが問われます。従前の機械学習では事前処理に知識のドメイン(データ項目の集まり)を多く必要としていましたが、ディープラーニングはそれほど必要としなくなっています。

　もう少し詳しく説明すると、従前の機械学習ではデータの事前処理に知識のドメインを多く必要とします。線形モデルである重回帰から、ロジスティック回帰、サポートベクター回帰、ランダムフォレスト等様々なAIアルゴリズムを試したり、アンサンブル学習手法(学習器を組み合わせる手法)を使用したりするため、その知識のドメインであるデータ項目を選定する必要となります。言い換えれば、前述しました「特徴量の設計」をするときにデータサイエンティストが「目のつけどころ」を考え、学習させていくところに経験やノウハウや知識が必要なのです。しかしながら、ディープラーニングではニューラルネットワークで入力から一気通貫処理を行います。つまり、表現力の高い深い関数(入力から出力までが何段階かにわかれてつながっている)を用いて、多くのデータと計算量でもって学習を行い、「特徴量設計」が完全自動化されるため、事前処理のなかで特に重要な「特徴量設計」に知識のドメインを集中する必要がなくなったのです。

④ディープラーニングは「非構造データ」の学習が得意
　従前の機械学習では構造データ(エクセルデータ、POSデータ、JSON、XMLデータ、CSV等)を学習する必要があります。しかしながら、ディープラーニングは従前の機械学習と違い、非構造データ(画像、音声、言語、文字等のデータ)から特徴量を抽出し学習することに非常に長けています。なお、JSONとは、「13日の金曜日」や厚切り～「Why Japanese people」ということをイメージしまいがちですが、ディープラーニングにおいて一番といっていいほど利用される構造データの形式です。特に「データの受け渡し」が容易にできるよう設計されているのでAPIで頻繁に利用されて、今後とも中小企業が最も利用されていくと思われる構造

データの方式です。

（2）ディープラーニングとは

　ディープラーニングとは人の脳のしくみを模倣したニューラルネットワークの一種で、機械学習の一つの手法です。

　ディープラーニングについて、少しイメージしやすいように、ケーキの「ミルフィーユ」をイメージしましょう。「ミルフィーユ」は小麦粉の生地にバターを乗せ何回も折りたたんで作られた何層にもなったパイ生地とクリーム等が重なり合ったサクサク＆パリパリ感が絶妙なケーキです。「ミルフィーユ」は最小単位で考えると小麦粉とバターでできています。小麦の生地にバターをのせて何回も折りたたんでパイ生地が作られます。このパイ生地にクリームやイチゴ等々を挟むことで「ミルフィーユ」になります。ミルフィーユはこの何層にもなった生地が特徴的で他のケーキでは味わえない奥深い（サクサク＆パリパリ）おいしさを味わえます。もしミルフィーユが何層にもなっていなかったら絶妙なおいしさは表現されないでしょう。何層にもあることで独特の食感が表現されそのおいしさに感動するのです。

　ミルフィーユの小麦粉の生地とバターにあたるのがディープラーニングでは最小単位である「人工ニューロン（神経細胞）」です。そして、ミルフィーユのパイ生地にあたるのが「ニューラルネットワーク」です。ミルフィーユでパイ生地にクリームやイチゴ等をはさんだ最終形が「ディープラーニング」ということになります。

　ミルフィーユでは「小麦粉、バター」→「パイ生地」→「ミルフィーユ」となるように、ディープラーニングでは「人工ニューロン」→「ニューラルネットワーク」→「ディープラーニング」というようになります。

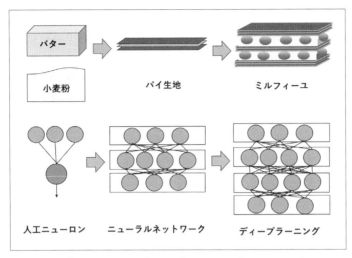

図表4−21　ディープラーニングのイメージ

　少し硬い説明をするならば、まず、最小単位である人工ニューロン（神経細胞）があり、人工ニューロンが集まったものが、ニューラルネットワークになります。ニューラルネットワークはコンピュータ上のプログラムで、人の脳の神経回路のしくみを模倣してAIに学習させる方法（分析モデル）であり、ディープラーニングの基本モデルです。ニューラル（neural）は「神経の」という意味があります。さらに、ニューラルネットワークが深化したものがディープラーニングとなります。

　ディープラーニングの日本語訳は「深層学習」ですが、この「層」という言葉は「中間層が複数あること」を示しています。言い換えれば、中間層（隠れ層）を多層化したニューラルネットワークをディープラーニングというのです。

　中間層が複数あることで中間層が1層の場合に比べて、より教師データに合致する複雑な出力をすることができます。ディープラーニングのしくみ自体はニューラルネットワークと同じですが、中間層が多層化することでその精度が飛躍的に向上しました。ミルフィーユの例でいうとパイ生地とクリームやイチゴの層を多層化することで独特の食感と味わいが広がり飛躍的においしくなったということです。

　人工ニューロン（神経細胞）という言葉を聞くと、脳のイメージを持ってしまいディープラーニングは脳と同じしくみになっているとか、神経生物学と何らかの関係があると考える方がおられるかもしれません。しかし、そうではなく、あくまでもディープラーニングはデータから表現を学習するための数学的な枠組みといえます。

　なお、ディープラーニングのしくみをベースに改良された手法であるCNN、RNN、オートエンコーダ、GAN等もAIによく活用されています。ディープラーニングの手法については4－4－3ディープラーニングの手法で後述いたします。

（3）ディープラーニングの「ディープ」とは

　ニューラルネットワークの「隠れ層（中間層）」の数が多く・深いことから「ディープ」と言われています。ディープラーニングでは連続する層(layer)の学習に重点が置かれます。それらの層が深くなるほど、表現の重要性は増していきます。「ディープ」とは「連続する表現の層」という概念を指しています。ものごとを一人で考えるよりも、多くの人で考えた方がいいものができることと似ています。ミルフィーユが多層化してより豊かな食感や味わいにアップし、より一層おいしくなったイメージです。

（4）特徴量：「機械学習の中でもディープラーニングが注目されるわけ」

　前節で少し説明しましたが、ディープラーニングが画期的なところは、注目すべきデータの特徴（特徴量）の抽出にあります。ディープラーニングでは「特徴量の抽出」つまり、機械学習の最も重要なステップとされていた特徴量設計（feature engineering：測定する数とどの測定値を比較すべきかの両方を選択するための莫大な努力）が完全自動化され、すべての特徴量が1回で学習することができるようになったことが画期的なのです。

　特徴量（注目すべきデータの特徴）とは、知りたい事柄の特徴を量的に表したものです。言い換えれば、「あなたはなかなかいい目の付けどころしているね」という「目の付けどころ＝データのどこに注目したらいいか」が特徴量設計で、それを数値として落とし込んだものが特徴量です。

　繰り返しになりますが、特に非構造データ（「生に近いデータ」：画像、

音声、言語、文字等のデータ）から特徴量を抽出することがディープラーニングは非常に長けているのです。

　ディープラーニングが特徴量を見つけ出す過程の事例として、Googleの AI ブログ2019年3月6日（Activation Atlas を使用したニューラルネットワークの探索）に掲載されたキャベツの特徴を抽出する事例で説明します。（CNN可視化事例）

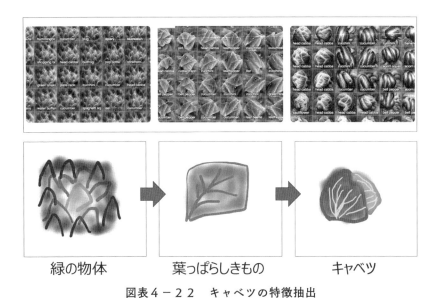

緑の物体　　　　葉っぱらしきもの　　　　キャベツ

図表4－22　キャベツの特徴抽出

出典：https://ai.googleblog.com/2019/03/exploring-neural-networks.html

　キャベツの特徴は緑の葉でまるみを帯びていること等ですが、この特徴量を決めることを今までは人（主にデータサイエンティスト）がやっていました。しかしながらディープラーニングでは完全自動化で特徴量を決めたのです。

　図4－22キャベツの特徴抽出において、左側にある初期の層は、他の層と比較して特徴が非常にわかりにくい状況にあります。中央にある中間層では、画像は明らかに葉のようですが、どんな種類の植物の葉かわからない状況です。右側最後の層では、画像はキャベツ特有の葉の形をしており、葉は丸いボールのように湾曲しています。このように層が深まるほど

複雑で高度な情報へ変化していくことがわかります。キャベツの特徴はこのようにディープラーニングの技術で特徴量が自動的に抽出されるのがわかります。画像認識において画像のどの部分の情報がキャベツの特徴であるかに目を付けて見極めることは非常に難しい問題です。色、葉の形状等の特徴がキャベツを判別するものであることを人が設計せず、AI 自らが学習データから学習しキャベツの葉を定義している過程がわかります。

　ディープラーニングにおいて画像データはすべて非常に細かな画素（ピクセル）に分けられ、それぞれの画素（ピクセル）が画像のどこに位置するのかといった「位置情報」と画素（ピクセル）は何色であるかといった「色情報」を持つ数値として扱われます。色情報はたとえば（R255・G255・B255 ＝白）（R0・G0・B0 ＝黒）といったように赤色（R）緑色（G）青色（B）の明るさの数値としてあらわします。通常の機械学習のワークフローは、画像データからマニュアルで特徴量を抽出することからスタートします。そして、抽出した特徴量を使って画像内の物体を分類するモデルを作成します。一方、ディープラーニングでは、特徴量は画像データから自動的に抽出されます。画像データから膨大な計算を行い特徴抽出し学習することでキャベツの抽出が可能となっています。キャベツの事例において緑色、輪郭、まるみがあるといったより高度な特徴を自動抽出しているのがわかります。

　画像認識における特徴量の完全自動化でディープラーニングが一躍世の中で衝撃をおこしたのは、Google の猫です。（https://googleblog.blogspot.jp/2012/06/using-large-scale-brain-simulations-for.html）

　Google Chrome で上記 URL を入力すると猫の画像が出てきます。人が AI に「これは対象の猫だ」と正解を教えることなく、AI が自分で学習し、対象が猫だと理解したというものでした。厳密には AI が「猫の認識」をしたのではなく「猫を表現する特徴量を得ることができた」とするのが正しい表現ですが、この事象こそディープラーニングの歴史的第一歩であり、ディープラーニングの画期的で注目されたところです。この「特徴量の完全自動化」できることが革新的であったことから、その後、ディープラーニング（深層学習）は、より高精度の画像認識、音声認識、自然言語処理、深層強化学習など様々な分野に活用されています。

4－4－2　ディープラーニングのしくみ

（1）概要

　では、ディープラーニングはどのように学習して賢くなるのでしょうか。ディープランニングの詳細なしくみについては他の専門書に委ねることとし、本節では中小企業がAIベンダーと話ができるよう概略を解説します。

　前節でケーキ菓子「ミルフィーユ」の説明とともにディープラーニングのイメージを「人工ニューロン→ニューラルネットワーク→ディープラーニング」という説明をいたしましたが、ディープラーニングが他の手法と違いどのようなしくみで学習していくのかを説明いたします。

　筆者はよくゴルフに行きますが、ご存知の通りゴルフはできるだけ少ない回数でゴルフボールをホール（カップ）に入れるスポーツです。ゴルフクラブを使って力加減を調整しつつスイングし、飛距離や打球の向かう方向を予測し最短コースでホール（カップ）に入れます。自然の中で行われるため途中に木、池、バンカー、高低差、雨風、時にはカラスや鹿に邪魔されながらも一気にホールに向かいます。ゴルフボールを打つとまっすぐ飛ばずにスライス（右向きに飛んで行ったり）やフック（左向きに飛んでいく）といった偏った方向に飛んでいくこともあります。「パー」（あらかじめ各ホールに決められたスコアで終われること）を繰り返しスコア７２でホールアウト（１ゲーム終了）するのが理想ですが、筆者はそのようにうまくいきません。バンカー（砂の穴ぼこ）で何回もスイングしたり、ボールが池に落ちたり、森に消えてなくなったり（OB）し、ホールアウトすればスコアが１２０であったというように思い通りのゴルフはできません。このままではいけないということで、ゴルフ練習場でスイングの大きさと力加減を学習していくのですが、なかなか上達しません。

　ディープラーニングの学習もゴルフに似ています。筆者のゴルフとディープラーニングとの違いはディープラーニングの学習精度が素晴らしいということです。

　ゴルフではスイングと力加減を調整し、そこにいつもスライス（右向きに飛んでいく）する場合の「偏り」を予測し、ボールの到達点を予測します。これはディープラーニングの最小単位である人工ニューロンにおいても同じように考えられます。

　人工ニューロンではスイングが「ノード」、力加減が「エッジ＝重み」、そこにスライスする（右方向に飛んでいく）偏りが「バイアス」と考えられます。スイングの大きさと力加減を乗算し、スライスする偏り分を加えることでボールの位置を予測していくわけです。この連続した行動がゴルフコースを回ることであり、結果がスコア120となるわけです。理想とするスコア72にほど遠いため、ゴルフでは打ちっぱなし練習場でスイングの大きさと力加減を練習していくのです。

　ディープラーニングでは、この一連の流れを一気に計算し調整していきます。この一連の流れを順伝播といい、さかのぼって（重みとバイアスを）理想形へと調整していくことを逆伝播、理想とのギャップを埋めるので、誤差逆伝播法といわれます。そして、順伝播と逆伝播を繰り返し学習することで素晴らしい精度となります。コースを回りスコアを上げるためにゴルフ練習場で練習する。そしてさらにコースを回る。これを繰り返すことでスコアが上がることと同じですね。

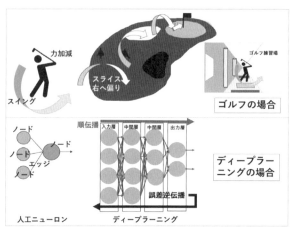

図表4－23　ディープラーニングのしくみ

　ゴルフにおいてはゴルフクラブの種類をうまく使うことで（最初はウッド、次にアイアン、バンカーではサンド、グリーンにおいてはパター）、ホール（カップ）に到達するようにしますが、ゴルフクラブをうまく使っていき調整することをディープラーニングでは「学習率」と呼ばれています。

ウッドばかりでは飛びすぎてゴールを行ったり来たりすることとなりいつまでたってもホール（カップ）にたどり着かないし、パターばかりでは距離が進まないので時間がかかりすぎます。ディープラーニングではカップにたどり着けないことを「誤差が収束しない」、パターばかりのことを「学習時間がかかりすぎ」といい、最適な学習率にすることが精度に影響することから、さまざまな手法が考案されています。

　なお、これは「最適化アルゴリズム」（平たく言えば、理想とのギャップを埋めていく方法）と呼ばれ、勾配降下法、ドロップアウト、正則化、LASSO、荷重減衰、データ拡張、early stopping、Adam等ありますが、あまりにも技術的となるため、詳細については他の専門書に委ねたいと思います。

　ここまでディープラーニングの仕組みについて説明してきましたが、ディープラーニングは、機械学習のうち「教師なし学習」や「強化学習」にも応用されます。しかし、ディープラーニングは画像を分割して処理できることから、特に画像認識の利用が急速に進んでおり、「教師あり学習」としての利用頻度が高くなっています。また、後述しますが画像認識の他にも回帰、分類、音声認識、翻訳といった様々な分野で応用されており、中小企業の生産性向上に大きく役立つ技術になっています。

（2）転移学習：ビジネスで特に注目される学習方法

　ディープラーニングは画像認識などで素晴らしい精度が出せるため、企業でも多く活用されています。しかし、学習モデルを作り上げるためには多くの画像データなどが必要になり、コストと時間が必要です。趣味で犬と猫の写真を分類するならいいですが、特に中小企業が活用するとなると敷居も高くなります。

　そこで、最近注目されているのが転移学習です。転移学習とは平たく言えば、先人が苦労して作った学習済モデルを再利用させてもらう方法で、学習済のディープニューラルネットワークを利用して新しいタスクの認識に活用することを言います。短期間かつ少ないデータ量でタスクに合わせた高性能なモデルをつくることができることがビジネスで特に注目されています。たとえば、友達が取った講義ノートに自分なりのアレンジをして試験勉強するようなものです。現実的には、ディープラーニングで山林の風

景写真を学習させたモデルを使えば、自然の風景と街中の風景を判別させることができます。

　この仕組みを説明しようとすると難しい数学の式が登場しますので、ここでは説明を割愛しますが、重要なことはこのように学習を簡略化できる方法があることを知っていることです。AI活用を企画して、AIベンダーがディープラーニングによるモデル構築を提案した場合、転移学習が可能かどうかを確認することも必要です。

4－4－3　ディープラーニングの手法

　ディープラーニングは人工ニューロンを発展させたAIアルゴリズムですが、これを応用した手法がいくつかあります。代表的な手法とその特徴、用途を理解しておくことはITベンダーと話をするとき等の手助けとなりますので本節ではその概要をご説明します。

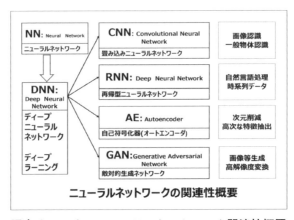

図表4－24　ニューラルネットワーク関連性概要

　ディープラーニングの手法を関連性から大枠でつかむと、視覚系に用いられるCNN、言語系に用いられるRNN、次元削減や特徴量抽出するAE(オートエンコーダ)、画像生成に用いられる生成系のGANとなります。実際の導入に際しては、このような手法を組み合わせることもあります。では、CNNから順に代表的なディープラーニングの手法を説明してきます。

（1）CNN：Convolutional Neural Network（畳み込みニューラルネットワーク）

　CNNは画像識別、特に写真、動画の画像から人物や記号の識別を行う画像認識に適し利用されています。人の「目」の機構をディープラーニングで実現する方法で視覚系AIの代表的な手法のひとつです。さらに、画像認識に応用するために改良され、被写体認識や異常検知、自動運転技術等非常に広く応用されています。CNNは画像を分割して処理できることが特徴で、入力は左から右方向にのみ伝播するので、順伝播型のニューラルネットワークの一種です。

①CNNのしくみ

　CNNのイメージは図表4－25のように、入力層、中間層（畳み込み層、プーリング層、全結合層）、出力層があり、入力層から犬の写真を入力すると出力層で犬と識別されます。
その仕組みは、次のようになっています。
・入力層：
　学習データとして2次元の入力データを受け取ります。
・畳み込み層：
　元の画像よりも小さいサイズのフィルタを使い画像の特徴を抽出します。このフィルタをスライドさせて犬の画像すべてをスキャンするようなイメージです。その結果、犬の輪郭や目、鼻など画像の特徴量が抽出され、「特徴マップ」が作られます。
・プーリング層：
　畳み込み層から受け取った特徴量に対し平均値や最大値を取ることで重要な特徴を残してデータを圧縮しさらに小さな画像に変換します。そして、畳み込み層のスキャンから数回繰り返します。
・全結合層：
　最後に縦横に並んだ2次元データから1列に並べたフラットな1次元データに変換し出力値が得られます。

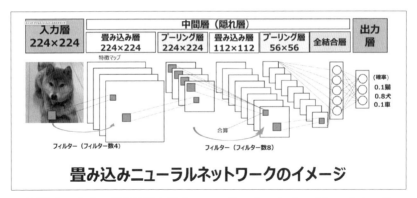

図表4-25　CNN(畳み込みニューラルネットワーク)のイメージ

(2) RNN：Recurrent Neural Network (再帰型ニューラルネットワーク)

　RNNは第2章でお話ししました音声識別、チャットボット、自動翻訳等、言語識別や議事録自動作成、スマートスピーカーの音声入力など音声識別等に利用され、時系列データ(時間と共に値が変わるデータ)を扱えるニューラルネットワークです。自然言語処理の分野で特に使われる技術であり、言語系AIの代表的な手法のひとつとなっています。

　RNNでは、ある時点で入力を処理した層の出力が次の層の入力になり、複数回の再帰的な計算処理(出力が再度入力に入る処理)を行います。ここでは前後の時系列情報を考慮して識別することができることが特徴となっています。

　たとえば、言語予測で「今日は良い天気です」という文章において、「今日は」「よい」という時系列データを与えると次に現れる単語の予想として「天気」を予測します。過去の系列情報から文脈の流れを考慮した予測ができるようになります。この手法により単語ごとの翻訳のみ可能であった機械翻訳が文単位で翻訳できるようになり、翻訳の質が大幅に向上しました。RNNは入力順序に意味のあるテキスト、文章等のデータや音声データ、動画を扱うのに適しています。

　RNNには、長期に及ぶときと短期にしか及ばないときを区別できないという課題、記憶力が弱く長文では単語の相関をあまり覚えていられないという課題、これら2つの課題があります。このRNNの課題を解決すべくLSTM (Long short-term memory) という手法に発展しました。これ

は「時間的に長期の依存関係をモデル化しよう」としたニューラルネットワークです。

（3）Autoencoder：オートエンコーダ（自己符号化器）

オートエンコーダは出力データを入力データに近付けるよう（自分自身で再現できるよう）学習する手法です。第3章の不良品検出の油圧パイロット弁の検品事例でオートエンコーダは利用されています。この事例は良品の画像データのみから不良を検知する手法です。良品の画像データのみで学習させたオートエンコーダは、良品の特徴量を自ら抽出し、不良品の画像データが入力された場合でも良品の画像を復元することができるため、この復元画像（良品）と元画像（不良品）の差を取ることで、異常（不良品）と判定することができます。

オートエンコーダは自分自身が正解データとなり、正解データを別途用意する必要がないことから教師なし学習に分類されます。前述しました次元削減を行い、大きな次元のデータを少ない次元データに置き換え、データ量を圧縮し計算量を大幅に減らすことで、より早く計算を行えるようになります。

オートエンコーダの仕組みについて100％濃縮還元オレンジジュースをイメージしてみましょう。100％濃縮還元オレンジジュースは旬の時期に採ったオレンジに減圧し熱を加え低温で濃縮させて冷凍で保存し、年間を通じて旬と変わらぬおいしさが味わえるオレンジジュースで、しかも輸送や保管に必要なコストを減らせることができるため、安価でいただける素晴らしいジュースです。濃縮還元オレンジジュースが一度圧縮してオレンジのエキスをぎゅっと絞り出すイメージは、オートエンコーダでは入力層からエンコードすることに似ています。オレンジジュースのエキスからオレンジジュースを還元し作っていく過程は、オートエンコーダでは出力層へデコードされることにあたります。オレンジジュースのぎゅっと詰まったエキスを抽出することが、オートエンコーダでは特徴量を抽出することと考えるとわかりやすいでしょう。

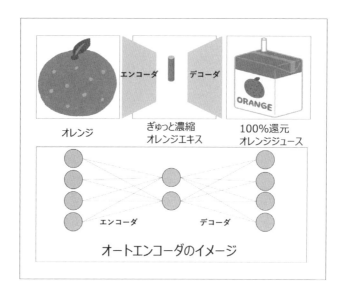

図表 4 - 2 6　オートエンコーダのイメージ

　もう少し詳細にオートエンコーダの仕組みを説明すると、オートエンコーダはエンコーダ(符号器)、デコーダ(復元器)からなります。入力層、出力層のノード数が同じで、中間層のノード数が入出力層よりも少ない特徴があります。エンコーダで特徴量を抽出し、限られたデータのなかでその背後に隠れた情報で構成された空間(潜在空間)を探ります。(この潜在空間を構成する変数を潜在関数と呼ばれています。)そして、特徴的なデータだけがぎゅっと次元圧縮されます。デコーダでは次元圧縮されたものを復元していきます。画像の場合は画像拡大処理(アップサンプリング)を行い、特徴をもとに復元します。

　こうした比較的簡単で変換効率がよい仕組みであるため、さまざまな手法で応用されています。参考までに応用例のひとつに CAE (畳み込みオートエンコーダ Convolutional Autoencoder) の技術を利用した画風変換があります。また、オートエンコーダの手法は DAE、VAE 等に発展しています。これ以上のしくみについては少し専門的になりすぎるため、詳細については他の専門書に委ねることとします。

（4）GAN: Generative Adversarial Network（敵対的生成ネットワーク）

①概要

　GAN は生成系（創り出す）AIで、2014年6月に Ian Goodfellow(イアン グッドフェロー)氏が提唱し、最近特に注目され開発競争されているディープラーニングのデータ生成技術のひとつで、画像を含みさまざまなものを生成できる教師なし学習モデルです。

　GANがなぜ注目されているかというと、個人情報云々を気にせず、データそのものを生成したいというニーズがあるからです。現在主流である大量のデータからAIを学習させて賢く深化させていくのではなく、大量のデータを使うことなくGANでデータを生成し、AIが学習することで学習スピードを飛躍的に短縮し（ディープラーニングプロセスの加速化）、より高度なAIを開発できることができるからです。

　GANのわかりやすい事例は顔画像の合成です。男（メガネあり）−男（メガネなし）＋女（メガネなし）→メガネをかけた女　というように画像同士を演算して出力することもできます。

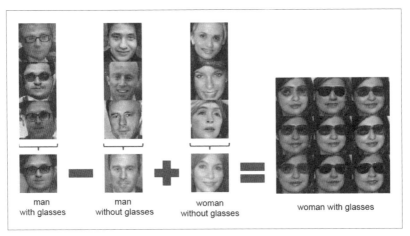

man with glasses

man without glasses

woman without glasses

woman with glasses

図表4−27　　GAN（出典：Radford et al.(2015)より引用）

②GANの活用

　GANの活用は多岐にわたりますが、たとえば、医師の診断を支援する画像診断AIを開発する場合、患部の画像と健康な人の画像がそれぞれ

2,000〜3,000 枚、訓練データとして数万枚ものサンプル画像が必要となります。症例数の少ない病気の場合数万枚のサンプル画像が集めることが難しいときに GAN の生成技術を使い大量にデータ生成をし、画像診断 AI を開発することができるようになります。

　また、実在しない架空の画像を大量に生成することができるので、アパレルサイトにおいては実在しないモデル（人）の画像を自動生成してモデル撮影コストの大幅削減（1 つの商品につき約 100 枚）が期待されています。

　さらに、GAN は趣味やアートプロジェクトとして直感的なわかりやすさも持っているため、アイドル顔の自動生成や、アニメキャラクター、「ラーメン二郎」の店ごとに違うトッピングをつなげた画像生成等さまざまデータセットへの適用やフレームワークの実装が行われています。

　GAN は「働き方改革」も期待できます。昨今、働き方の見直しがなされておりますが、一方で漫画家やクリエータのハードワーク環境が問題視されています。そこで、従前から人が行っていた仕事の支援として、GAN による自動着色や低解像度から高解像度への処理等により、業務の一部を AI に任せることで就業環境も改善できそうです。

　GAN は自動運転開発の効率化と開発コスト削減も期待されています。たとえば、GAN を使って実際の画像を改変して、さまざまな気象条件や時間帯、場所の風景を作り出します。これは、実際に車を走らせることなく認識システムの学習データを用意することができることから、自動運転開発コストの削減が期待できます。

③ GAN のしくみ

　このように GAN は医療、自動運転等々様々に期待されている技術でありますが、その仕組みはというと、GAN は 2 つのネットワークを競わせながら互いに優れたネットワークになるように学習していきます。この 2 つのネットワークは、生成器（Generator）と識別器（Discriminator）と呼ばれます。

　GAN がデータ生成する仕組みは、「偽札を作る偽造者」と「偽札を見抜く警察」に例えられます。偽造者「生成器」は警察に偽札であることを見抜けられないように精巧な偽札を作り、警察「識別器」は本物のお札と偽札を

うまく見抜けるようにします。互いに競い合うことで偽造者「生成器」は
より本物に近い偽札を作れるようになるという仕組みです。GANはこの
ように騙し騙されながら（競い合わせながら）精度をあげていく仕組みで
す。GANが敵対的生成ネットワークという呼び名になっているのは、こ
の競い合いのことを表しています。

（5）トランスフォーマー（Transformer）、アテンション（Attention）

　Google翻訳で使われている技術であるトランスフォーマー、アテンショ
ンはここ数年で最も注目されている言語系AIといわれる手法で、自然言
語処理に利用されています。

　これは汎用性が高く、構成がRNNやCNNに比べて少なくシンプルな構
造で、GPU（画像処理のためのチップ）を利用したデータ処理に適した並
列化処理ができるので処理計算量を大幅に減少させ、文脈を考慮した文章
単位の翻訳が可能となります。また、自動翻訳の分野で利用されるだけで
なく、文章の構成やキーワードの抽出や要約や対話生成、文章意味理解、
文章表現など様々分野に利用されることが期待されている手法です。

（6）深層強化学習

　深層強化学習は、運動の習得や機械やロボットが練習して上達すると
いった技術です。

　深層強化学習は、「深層学習（ディープラーニング）」による観測データ
からの特徴量抽出とシミュレーションを可能にする系列データの生成を
行うことと、「強化学習」による予測制御とを組み合わせる手法です。深層
学習の複雑な入力（画像など）を処理できることと、強化学習の複雑な行
動を出力するのが得意ということを組み合わせることで、これまで解けな
かった課題が解け始めました。

　具体的には、ゲームAI（AlphaGo. Alpha Go Zero. Open AI Five .Alpha
Star）やロボティクス（ロボット制御）、交通や自動運転、工場操業におけ
る組み立てや、石油化学、薬品、鉄鋼等原材料の混ぜ合わせや反応炉を経
て最終製品を作る工場のプロセスの改革等、複雑なシステムの制御ができ
るようになりました。

　最後に、図表4−28にここまでの代表的なディープラーニング手法を

まとめましたので参考にしてください。

手法	特徴	用途
CNN ： Convolutional Neural Network（畳み込みニューラルネットワーク）	画像データを扱う　画像を分割して処理	画像認識、文字認識、声紋分析　不良品検知、通行人調査、野菜などの選別、自動運転など
RNN：Recurrent Neural Network（再帰型ニューラルネットワーク）	入力順序に意味のあるテキスト、文章等のデータや音声データ、動画、時系列データを扱う	自然言語処理、チャットボット　自動翻訳、議事録自動作成　スマートスピーカーの音声入力など
LSTM：Long short-term memory	RNNの発展形　長期依存関係に適用	
Auto Encoder：オートエンコーダ（自己符号化器）	次元圧縮　高次な特徴抽出	工場における不良品検出など
GAN：Generative-Adversarial-Network（敵対的生成ネットワーク）	個人情報云々を気にせず、データ生成が（創り出すこと）可能　学習スピードを飛躍的に短縮	画像生成、医療における画像診断AI、アパレルサイトモデル自動生成、アイドル顔、アニメキャラクター、「ラーメン二郎」の店ごとに違うトッピングをつなげた画像生成等のデータセットへの適用、マンガ等自動着色　低解像度から高解像度への処理　自動運転開発時のテストコース作成など
Transfomer（トランスフォーマー）Attention（アテンション）	並列化処理、計算量大幅に少ない、汎用性が高い	自然言語処理、翻訳、文脈対応可能、BERT―汎用性高く文章理解や感情表現等様々なタスクに対応
深層強化学習	「深層学習」＝観測データからの特徴量抽出、シミュレーションを可能にする系列データの生成＋「強化学習」＝予測制御とを組み合わせ手法	ゲームAI、ロボティクス（ロボット制御）、交通や自動運転、　工場操業における組立、石油化学、薬品、鉄鋼等原材料の混ぜ合わせ反応炉を経て最終製品を作る工場のプロセスの改革等の複雑なシステムの制御

図表4-28　ディープラーニングの主な手法

4－4－4　ディープラーニングの得意なこと・まとめ

（1）ディープラーニングの得意なこと

　ディープラーニングが従来の機械学習との違いは冒頭で説明したように大きく以下4つの違いがありました。

①特徴量設計が不要

②ディープラーニングのしくみは「ブラックボックス」

③ディープラーニングは一気通貫処理で学習

④ディープラーニングは「生に近いデータ」の学習が得意

　これらの4つの違いがあることにより、ディープラーニングは次のことが得意分野となっています。

①構造化されていないようなデータ（生に近いデータ）であり、大量かつ分析に非常に複雑な問題がある場合、たとえば画像データを大量に計算し未知の予測をしていく画像認識や自動運転の分野等。CNNの例で説明した犬の画像認識は構造化されていない生データを分析できるようになったディープラーニングの象徴的な事例で、ディープラーニングの最も普及している分野と言えます。

②データから生成していく分野、たとえば画像データを生成しアパレル分野で実在しないモデルを作り出し人件費を抑えたり、医療で画像を生成しAI診断したりする生成技術の分野等。

③転用可能な技術特性（転移学習）を利用、データ収集したり、特徴の発見をしたりして、判断や意思決定を行う分野等。たとえば正常に稼働をしている機械の特徴を見出し、反対に正常でない（＝異常な）機械を予測し工場内の故障予測等に応用していく分野等。

　AIベンダーがディープランニングを使った方法でAIシステムを活用しますといった場合は、大量のデータ分析が必要で推論の過程を求めない分析を行うシステムが考えられます。反対に、データが少ない場合や構造データが揃っている場合などは、従前の機械学習のほうがかえって生産性を含めた投資効率が良い場合があります。つまり、ディープラーニングがまずありきではなく、適材適所と言えるようなAIシステムの導入活用が重要となります。

（2）まとめ

　ディープラーニングは現在一世風靡している旬な分析手法と考えがちですが、歴史を紐解いても非常にまじめで地道な分析手法です。ディープラーニングありきではなく、その特徴を理解しつつ、従前の機械学習や従前のシステムを含めた方法で考えること、つまり、まず経営課題解決ありきで、様々な手法を選択していくことの重要性が再度問われています。中小企業経営者は様々なかたちで AI 活用のシーンが今後でてくるとは思いますが、ディープラーニングの手法を理解したうえで、最小の投資で最大の投資効果の出る手法を導入し経営革新し続けることが大切となっています。ディープラーニングの分野は開発競争が熾烈となっており、めまぐるしく技術が進歩している分野です。基本を押さえつつ、中小企業にあったディープラーニングの手法を活用していくことが今後とも必要となります。

Column 4
楽しい休日を過ごすアルゴリズム

　先日、うちの大学生の息子が自動車の免許を取ったので、練習がてらにドライブに行こうと言い出しました。ま、たまの日曜だからいいかと思い家族で京都の嵐山にドライブに出発！しかし、ちょうど紅葉シーズンだったので道路が渋滞。結局、疲れただけの休日になりました。気を取り直して、次の日曜日は高速道路を使って京都から神戸方面へ！高速は渋滞もなく、南京町の有名な中華料理店で食事をして帰ってきました。しかし、高速に乗り、高い中華料理を注文したのですっかり財布が寂しくなりました。その為、次の日曜日は家でゴロゴロ。実はこれが一番楽しかったです（笑）。このように楽しい休日を過ごすという目的を達成する為には、いくつかの方法論があります。

　本書ではAIを導入する時に概念実証があり、そこではAIアルゴリズムを使ってAIの精度を検証すると説明しています。アルゴリズムとは、楽しい休日を過ごす為の方法論と同じで、「何かの目的を達成する為の方法論」の事です。

　例えば、製造業が不良品予測をするのなら、回帰分析、ランダムフォレスト、ニューラルネットワークなどのAIアルゴリズムを使います。回帰分析を使いAI精度を検証して、結果が良くない場合、次はランダムフォレストやその他のアルゴリズムを使います。そして、最も精度が高いAIアルゴリズムを選択する訳です。

　尚、ドライブに行くときの渋滞情報や、高速料金、中華料理の値段などは予めネットで調べることができます。ですから、行ってみないとわからないなんてことはないのですが、概念実証ではデータの種類や量などにより、同じ予測をする場合でも最初から最適なアルゴリズムを選定するのは難しくなります。ですので、いくつかのAIアルゴリズムを試す必要があり、概念実証はやってみないとわからないと言われるのです。

　ちなみに、神戸の中華料理店に行った時、「マーボー豆腐2つ、海老チリ2つ、回鍋肉1つ、ふかひれスープ3つ」を注文しました。ここで、「鯛の刺身」を注文しても相手にしてもらえません。当然、その店のメニューと数量を伝える必要があります。

　このように、第三者に何かを頼む時には、ルールに沿った内容を伝える必要がありますが、これをAPIと言ってAIを使う時の重要な仕組みなのです。伝える内容や順序が違うとAIは学習できません。AIがいくら賢くても、中華料理のコックさんは鯛の刺身は作れないのと同じですね。

第5章
AIシステム導入プロセス

　AIは、機械学習を使い予測（回帰・分類）や仲間分けができます。また、ディープラーニングを使うことで識別（画像・音声認識など）ができます。これらのAI機能を活用することで、第3章の事例でご紹介したように中小企業でもAI導入が進んでいます。AIは中小企業にとって新たな生産性向上のパートナーになることは、間違いありません。

　一方で、それはわかるんだけど、実際どうやってAIを作っていけばいいの？という声もあるでしょう。第1章でAI導入プロセスの概要をご説明したが、本章ではより詳しく中小企業の方でも取り組めるAIシステムの導入方法について解説します。

5－1

AI企画の作成

5－1－1　まずはAIを鳥瞰する

　第1章の図表1－8（AI導入プロセス例）を再度ご覧ください。AI導入の出発点はAI企画づくりです。AIシステムに限らず、物事を企画する場合、いきなり詳細を検討するのでなく、まずは大きな視点で鳥瞰し、そこから詳細に落としていく方が漏れやダブリがなくよい企画ができます。たとえば、生産管理システムなど従来のITを企画する場合も、まずはIT化の方針を設定して（業務範囲や利用部門、クラウド型を利用するなどの方式など）、そこから必要な機能やシステム構成などを設定していきます。これと同じようにAIも、まずは大きな視点で考えてAI企画を作っていきます。

　AI企画書というと少し大げさに聞こえますが、分厚いキングファイル1冊分作る必要はありません。図表5－1のようにA4用紙1枚にまとめる程度でいいのです。これですと簡単に社内で共有できAIベンダーに概要が伝わります。以下ではこのAI企画書の作り方について説明します。

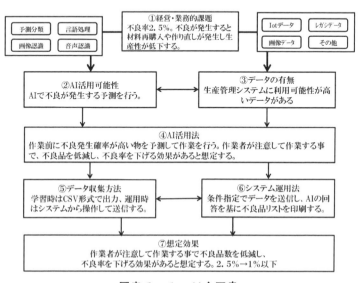

図表5－1　AI企画書

5−1−2　フレームワークを活用した AI 企画作り

(1)フレームワークの機能

　AI企画に限らず何かの企画書を作る場合、頭の中でいろいろ考えていてもなかなかまとまらず、考えが重複したり漏れたりすることもあります。そのような場合は、フレームワークの活用が有効です。

　ロジカルシンキング（論理的思考）の中で、「MECE（Mutually Exclusive, Collectively Exhaustive：ミーシー）」と言う考え方があります。これは、何かを考える時に、漏れなく・ダブりなく物事を明確にすることです。フレームワークとは、物事を考える時の枠組みやテンプレートのことで、このミーシーという考え方に基づいています。有名なフレームワークにSWOT分析シートがあります。これは、我々中小企業診断士が企業の経営戦略を策定する時に利用するものです。図表5−2左がSWOT分析の内容を記述する表で、右はそれを考える時に利用するカテゴリです。右表を見ながら分析することで、漏れなく・ダブりなく経営環境が分析できます。フレームワークは何かの分析や企画を行う時に、漏れなく・ダブりなく検討できる機能があります。

図表5−2　SWOT 分析のフレームワーク

(2)フレームワークを使ったAI企画づくり

　図表5−1は、これ自体がフレームワークであり、順番に考えていくことでAI企画書を作ることができます。では、以下にフレームワークを使ったAI企画書の作り方を説明します。

①経営・業務課題の設定

　ここは、AI企画のスタート地点になります。AIを活用するための課題を探すのではなく、まずは、ITやAIに関係なく、現在抱えている問題や課題を考えます。

　図表5−1の①では、中小製造業で不良率が2.5％あり、不良が発生すると材料を購入しなおし、再度作り直す必要があるので、時間とコストが無駄になります。そのため、不良率が2.5％であることを課題とし、AI活用テーマを「不良率の低減」としています。

　まずは自社の経営・業務的課題を棚卸して、その中で優先度が高いものからAI活用を考えていくことがいいでしょう。

②AI活用の可能性

　課題が明確になれば、それがAIで解決できるかを検討します。AI活用モデルの個所でもご説明しましたが、ここで最も重要なことは、AIでできることとできないことをしっかり理解していることです。AIの予測機能を使えば、不良品の予測ができることを知っていれば、同じ課題があれば自社でも取組めますし業種が違っていても、不良予測ができるなら店舗の来店予測もできるのではないかと考え着くこともできます。そのため、第2章でご説明しているAIでできることを充分ご理解ください。

　尚、図表5−1では、不良率が2.5％ある課題に対して予測のAI機能を使い、不良品予測を行うと設定しています。

③データの有無

　次にAI活用テーマが本当にAI活用で解決できるかどうかの可能性を考えます。それにはAIが学習するデータの有無が重要になります。不良率低減にAIを活用する場合、生産管理システムに蓄積されている生産データや不良データがあれば、それを使ってAIが学習して、日々の運用も含めた不良予測ができる可能性があります。AI活用には学習と運用データが必要なため、自社に何らかのシステムがあれば、そのデータが活用できないかを検討する訳です。図表5−1③では、生産管理システムに蓄積されている、材質、担当者、リードタイム（受注から出荷までの日数）、難易度が有効ではないかとしています。もちろん、他の項目を想定してもい

いですが、まずは有効だと思われる項目がデータとして存在するかを検証します。

　また、紙の台帳だけを使っていては、AIどころの話でありません。ですので、上記「①AI活用テーマの設定」でもデータがあることを前提に課題を設定します。そして、ここの「③データの有無」では本当に課題解決に利用できるデータがあるかどうかを検討する訳です。たとえば、休日にドライブに行くときに、自宅に車があればドライブ自体は可能です。しかしボロボロの車では、かっこ悪いので友人とドライブには行けないですね。上記①では車を持っているかどうかの検証で、③では友人とドライブに行ける車かどうかを検証する訳です。

　尚、製造業以外では、販売管理システム、顧客管理システム、POSシステムなどがレガシーデータとして活用でき、ホームページのアクセスデータがあれば、ECサイトでは商品紹介のレコメンドなどにも活用できます。ここでは課題解決に利用できるデータを設定することになります。

④AI活用方法

　不良率が高いことが課題で、データがあれば不良予測が可能だということまで設定できれば、次にAIをどのように活用するかを検討します。製造業の不良原因には、大きく分けると次のものがあります。

・人のポカミスによる不良（人が原因）
・機械の調整不足等による不良（機械が原因）

　たとえば、作業者が図面を見間違える、工具を間違う、プログラムを間違えるなど「人の原因」が多くあれば、作業前に注意喚起を促すことで不良品を少なくすることができそうです。

　車を運転していて「急カーブ注意」という看板があれば通常は減速します。これと同じように作業前に不良になる確率が高い作業について、注意喚起をすれば効果がありそうです。

　そこで、図表5－1の④では、「作業前に不良発生確率が高い物を予測して作業を行う」、「作業者が注意して作業することで、不良品を低減し、不良率を下げる効果があると想定する」という活用方法を設定していま

す。

　これは作業前に不良予測をしていますが、たとえば、作業後に画像認識により不良品判別を行う場合は、「作業後に加工物を撮影し、AI が画像認識により不良品を判別する」という活用方法になります。ここでは、このような AI の活用方法を検討して設定します。

⑤データ収集方法

　何度も言っていますが、AI はデータがないと学習できず運用もできません。データの源泉は、既存システムのレガシーデータ、IoT を活用した新たなデータ、或いは画像データなどがあります。しかし単にデータがあるだけではダメで、使いたい時に簡単に必要な形式やフォーマットで取り出せる必要があります。AI に学習させる時は、手動で CSV 形式として取りだしてもいいですが、運用になるといちいち人がデータを取り出す訳にはいきません。その時は、既存システムに蓄積されているデータを、AI に自動的（或いは人がボタンを押すだけなどの半自動的）に送れる仕組みが必要です。

　図表 5 − 1 の⑤では、AI 学習時は CSV でデータを取り出し、運用時には既存システムから半自動的にデータが送れる内容が設定されています。

⑥システム運用法

　そして、そのデータを使った具体的な AI システムの運用を検討します。AI にデータを入力する方法、AI の出力をどう利用するかです。これは、AI システムにより変わってきますが、図表 5 − 1 の⑥では、既存システムから条件指定でデータを抽出し、人が送信ボタンを押すことで AI にデータを入力する。AI からの出力は、既存システムが受信して人にわかる様に「不良予測リストを印刷する」としています。ここでは、AI へのデータ入力と AI からの出力方式を検討して設定します。

⑦想定する効果の設定

　最後に、AI 活用の効果を想定します。本書では生産性向上のパートナーとしていますので、ここでは生産性向上に注目した成果を設定します。労働生産性の分子を増やす場合は、営業利益を向上させて実現しますが、営

業利益率や売上高、粗利益でもいいでしょう。要するに、商品が売れる、来店客数が増える、受注数が増えるなど収益に関する成果を設定することになります。

　一方、投資資源減型では、分母である従業員数を低減させますが、AIで従業員を減らすと言う意味ではなく、中小企業では従業員が退職してもすぐに新しい人を採用することは難しいでしょう。そのため、従業員数が自然に減っても従来と同じ営業利益が出せる体制を作って行くことが重要です。その意味で、業務の効率化を成果にします。尚、業務効率化を成果にする場合、ある業務が30％効率化できた！という測定は難しいので、残業時間数や有休取得数、会社としての休日増加数など間接的な成果を設定するのがいいでしょう。

　尚、図表5－1の⑦では、不良率を2.5％から1％以下にすると設定しています。このようなフレームワークを使いAI企画が作成できれば、次は学習データを揃えて概念実証に入って行くことになります。

5－2
概念実証（PoC）の必要性と内容

　第4章では、概念実証で必要な機械学習やディープラーニングのAI基礎知識についてご説明しました。この節では、5－1で説明した「AI企画の作成」の次に取組む「概念実証（PoC）」について、AIシステム構築になぜ概念実証（PoC）フェーズが必要なのか、その具体的な進め方とともに、マネジメントについて中小企業で留意する点をお伝えします。

5－2－1　概念実証とは何か

　概念実証とは、その字のごとく「対象とする概念の実現可能性を検証すること」を指し、「Proof of Concept」の頭文字を取って、PoC（ポック）と略称されています。これでは抽象的過ぎますので詳しく言いますと、「対象としている課題解決のために検討した手法・手段が、実際に実現し、課題解決に効果あるものかどうかを検証すること」になります。

　5－1にて、AIを活用して解決したい自社の業務改善テーマのことを"AIテーマ"と定義しましたが、AIシステム導入に則して言うならば、「そ

もそも AI システムが、"AI テーマ" に対して本当に有効な手法・手段なのか、技術的に実現可能なのか、どの程度の想定効果をもって満足し完了とするのか、などを明らかにすること」と言えるでしょう。

　では、従来の IT システム開発にはない、概念実証と呼ばれるフェーズはどのようなものでしょうか？

　一般的に、概念実証は、下記の流れに沿って進めることになります。

①学習データの選定と収集

②データの整形と加工、（必要な場合は）教師データの付加

③AI フレームワーク（ライブラリ）を使った学習

④学習済みのモデル（実証前 AI システム）を使った予測

⑤予測結果の検証

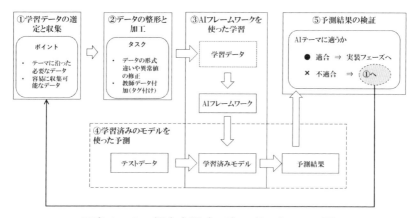

図表 5 − 3　概念実証（PoC）の考え方フロー図

　では、以下に図表 5 − 3 に従って、順を追ってお話しいたします。

①学習データの選定と収集

　すでにおわかりのことだと思いますが、AI システムはいきなりボタンを押すだけで要求する結果が出てくるものではありません。AI システムは、既存システムのデータ（レガシーデータ）や IoT によって新しく収集されるデータ、画像データなどを前提に学習し、結果を導くための推論をするプロセスであるため、モデルを構築するには、自社内、または自社で取得できる外部データの選定・収集から始めることになります。

そのデータの選定・収集では、何を、どのような形で、どれくらいの数量を選択するかが鍵になるのですが、これは、次の二つを意味します。

・必要なデータを選ぶこと

　一つ目は、データの選定という点で、"AIテーマ"を達成するために"必要と想定されるデータ"であるかどうかです。たとえば、製造業における不良品予測や不良品判定において、「近隣スーパーの来店者数」のデータは不要なわけで、「不良品の発生数や不良品自体の材質」などが必要データということになります。つまり、データであればその種類や幅が広ければ広いほど良いというわけではないのです。

・データの収集や管理が容易であること

　二つ目は、データの収集という点で、"容易に取得できるデータ"であるかということです。たとえば、飲食店で来店者数予測のために、住所や家族構成などの個人情報データを取得する場合、確かに、個人情報などの固有データは予測精度の向上に効果があるかもしれません。しかし、情報取得に手数が掛かり、取得後の管理にも注意が必要であるため、"収集管理容易な"データとは言えないでしょう。このように、固有データのようにデータの質や深さが深ければ深いほど良いというわけでもないのです。

　最初にデータの選定・収集を行うのは、学習済みモデルを構築することが目的であり、データ収集が目的ではありません。また、データの収集・選定では、「何をどのような形で、どれくらいの数量を選択するかが鍵」と述べました。これは、必要と思われるデータを手当たり次第に集めるのではなく、AIテーマが解決できる可能性のあるデータを収集することが重要である、ということなのです。

②データの整形と加工、（必要な場合は）教師データの付加

　第1章で概要を説明しましたが、収集したデータは、そのまま利用して学習させるのは早すぎます。なぜなら、収集したデータに"形式違い"や"異常値"が入っていることが少なくないからです。形式違いや異常値が入ったままであると、目的に適わない不確かな学習を行ってしまうことにもな

ります。たとえば、半角と全角データが混在しているとうまく学習できずに、結果、適切な回答を得られないことがあります。従って、データの形式違いや異常値の適切な修正が必要となります。これを、データの整形・加工（クレンジング）と言います。

　あと、学習モデルを構築するために「教師データ」というデータを付加することがあります。たとえば、製造業の不良品判定であれば、収集した製品データに、実際の良品・不良品の判定データを追記するイメージです。教師データを設定することで特徴を持ったデータに一定の答えを付加することになります。ちなみに、この教師データを設定することを「タグ（ラベル）付け」とも言います。

③AIライブラリ（AIフレームワーク）を使った学習

　「①学習データの選定と収集」と「②データの整形と加工、（必要な場合は）教師データの付加」ができてはじめて分析のための準備ができたことになります。選定・収集され、整形・加工されたデータは、第2章でご紹介したAIクラウド、TensorFlow（テンソルフロー）やscikit-learn（サーキットラーン）などのAIライブラリを含むAIフレームワークを利用して分析されます。分析により投入されたデータの特徴を見つけることによって（学習させ）、学習済みのモデル（実証前AIシステム）が構成されることになります。

　なお、第4章でも既に説明済みですが、上記のAIフレームワークを使った検証や、AIフレームワークを構成するAIアルゴリズムの取捨選択に関して、中小企業の経営者がそこまで深く知る必要はありません。ここは、データサイエンティストなどのAI専門のエンジニアに任せるのが効率的で、趣味でなければ深入りする必要もありません。経営者は、経営目標を達成するために、経営課題を解決することが目的なのですから。ただ、AI導入ではエンジニアとのコミュニケーションを円滑にするためにも、このような作業があることを理解していることが重要となります。

④学習済みのモデル（検証前AIシステム）を使った予測

　AIフレームワークを使って学習済みのモデルができましたが、従来のITシステムであれば、これで完成です。ユーザーの要求をインプットす

れば、ユーザーにとって望ましい解答が出てきます。しかし、AIシステム（ここでは学習済みモデル）は、完全な答えは出てきません。平たくいえば、ざっくりとした予測（数値）が出てくるだけです。

　一旦、この状態で、別途準備したテストデータ（①で取得したデータの一部でも可）を用いて、機械学習済みのモデルを経由して分析させます。たとえば、製造業の不良品判定のモデルでいえば、テストデータをインプットし、結果である予測（数値）としての"良品か不良品かの判定"を行わせるプロセスになります。

⑤予測結果の検証

　学習済みモデルを使えば予測（回帰や分類）が出てきますが、最後はこの予測が、"使える"ものかどうかを検討するプロセスです。

　"使える"とは、この項の冒頭でも述べたように、"AIテーマ"という目的を達成するために効果がある、ということになります。たとえば、製造業の不良品判定を例にした場合では、学習済みモデルが回答した、良品か不良品かの判定（分類）が正しいかどうかということです（決して、不良品が少なくなることではありません）。実際の検査工程で本来「良品」を「不良品」と判定したり、その逆に、「不良品」を「良品」と判定してばかりのAIシステムでは、"使えない"、つまり"課題解決に対して効果がない"ということになります。

　この例示が示しているように、求められているのは、AIシステムが実用的であること、つまりそのアウトプットが業務で利用できる値になっているかということです。第4章で「正解率」と「再現率」という評価指標を説明しました。

　上記の製造業の例でいうならば、検査工程をAIシステムで判定させた結果、不良品を外部に出荷するのは大問題であり、取引先（消費者）に迷惑がかかります（消費者危険(注)）。他方で、まったく問題ない良品を不良品だと判定し、廃棄処分してしまうのも、製造者側で損失が発生します（生産者危険(注)）。本来ならば消費者危険・生産者危険の両方を低減させることが最も良いのですが現実的には難しいため、不良品検査の場合は、生産性者危険よりも消費者危険を極力低減する方が現実的でしょう。

　従って、AIシステムが実用的であるということは、図表5−4上のよ

うに、「再現率」が高ければ高いほど良いということになります（再現率が高いと不良品を見逃さない確率が上がる）。

（注）　・消費者危険：実際は不良品なのに良品として提供されるため、消費者が損失を受ける（リスクを負担する）こと
　　　　・生産者危険：実際は良品なのに不良品と判断して、生産者が損失を受ける（リスクを負担する）こと

　逆に第3章の事例でご紹介した事前に不良品予測で不良率を低減させる場合ですが、図表5－4下をご覧ください。ここでは、10件のうち本当に不良になるものが3件あり、そのうちAIは2件だけを不良になると回答しました。この場合、1件の不良可能性を見逃していますが、不良率を低減するという目的であれば、AIが回答したものだけに集中して作業した方が、効率もよく不良品も低減できます。ですので、この場合は再現率よりも正解率を重視する方がAIテーマ実現に適していると言えるでしょう。正解率と再現率のどちらを重視するかは、企業の方針や業務特性により違います。重要なことはこのような予測結果の検証方法があることを知り、自社に合った方法を経営判断として採用することです。

　尚、来店者予測やアイスクリームの売上予測など数値で予測される回帰の場合は、決定係数などが用いられますが、詳細は巻末の参考文献・URLをご覧ください。

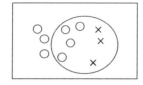

■10件のうち不良と判別された7件で3件が不良の場合

正解率＝3/7＝42%
再現率＝3/3＝100%

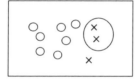

■10件のうち不良と予測された2件が全て不良の場合

正解率＝2/2＝100%
再現率＝2/3＝66.6%

図表5－4　精度検証の指標

　以上の①から⑤までの一連の流れを回すことがAIシステムにおける概念実証ということになります。しかし、これが一巡で終わるのではありません。真の概念実証の目的は、データを流すことではなく、AIシステムが課題解決に効果あるものかを検証していくことですから、この後が重要です。

５－２－２　概念実証の必要性

　前項ではデータの取得から始めてAIシステムの学習済みモデルから出力された予測結果を検証するところをお伝えしました。

　同様の状況で、従来のITシステムの場合であればどうでしょうか。ITシステムは、人が要求した通りの解答を出すことを目的としています。要求した通りというのは100％の完全解答であり、1＋1＝2というように、それ以外の答えがないことです。それ以外の答えがないということは、答えが出された時には、人は何ら判断を差し挟むことなく、それを受容することで、人の作業（時間）負担を軽くすることができました。ITシステムがもたらす最大の効果であり目的でもあります。

　一方でAIシステムは、人の判断の参考になる支援をしてくれると言えます。学習したモデルを通して分析された解は、あくまでも予想です。製造業の検査工程の例で言えば、出された予想は良品か不良品ということのみで、それが正しい判断であるかの確率は、先に説明した「正解率」や「再現率」といった数値なのです。まるで一種の"予想屋"のようなのですが、とは言っても、この予想を信用するかどうかは、それを使う人次第です。

　それでは、その予想を信用するとしても、やはり正解確率の高い方が失敗するおそれも少なくでき、結果として利得をもたらす可能性が高まるのも明白です。であれば、予測結果をもっと精度の高いものにレベルアップしてから判断しましょう、ということが"概念実証"の求めるところ、つまり必要性なのです。

　逆にもし、この概念実証を行わずにAIシステムを開発し、実運用直前まで進めてしまった段階で、"消費者危険や生産者危険が高いものだから再開発しましょう"、といっても、今までの時間とコストが無駄になることは明白です。

　AIシステムの開発を急ぐのではなく、ある程度時間をかけて概念実証

でAIの精度をじっくりと検証することが、AIテーマ解決の近道なのです。

　さて、概念実証の必要性としては、上記のように開発する前にAIシステムの精度を上げ、レベルアップを図ることであると言ったのですが、では、精度を上げるには如何にすれば良いでしょうか？　そもそも期待する精度が出ないと考えられる場合と、それに対する対応について考えてみます。

①必要とすべきデータがない

　データの種類や幅が多ければ多いほど良いとは言えない、と先に言いましたが、たとえば、製品の不良品検査の場合であれば、作業場温度や材質など、AIシステムの予測結果に対して明らかに影響が大きいと考えられるようなデータ、つまり収集する必要性の高いデータを選べていないことが考えられます。こういう場合は、再度、データ選定前の“AIテーマ”に立ち戻った検討が必要でしょう。

②データの量が足りていない

　学習済みモデルの段階ではAIシステムの試作段階でもあり、必要とされるべきデータを取得する環境が整っておらず、明らかにデータ量が不足しているような場合が考えられます。趣味で猫と犬の写真を分類するなら、十数枚の写真があればいいでしょうが、業務で利用する場合はそうもいきません。

　必要データ数については、AIテーマやAIアルゴリズムにより違うため、ここで明確な基準は申し上げられませんが、通常、画像認識を行う場合は画像データを1万枚以上、不良品予測などの数値データの場合は5000件以上必要と思われます。ここでは、データ解析の専門家であるデータサイエンティストやAIベンダーと相談しながら、適切なデータ量を揃える必要があります。

③データの質が低い

　前々項の②で述べたようなデータの整形・加工（クレンジング）が不十分である場合が考えられます。たとえば、本来が半角数値データで入れるべきところが、カナ文字だったり全角数値というような書式の間違い、ま

たは、書式は同じだったとしても、気温データとして取得したのに100℃を超えた異常値と言えるデータなどがあります。対応としては、取得データを全件確認するということは物理的に難しいことから、サンプリングの手法を用いたり、またはチェックデジット^(注)を付加したり、ニューメリックチェック^(注)などで対応することができます。また、データ取得がエッジデバイスからのものであるような場合は、そのデバイス自体の確認が必要です。

(注) ・チェックデジット：番号などの入力や読み取りの誤りを検出するために、番号の末尾に付加される数字、または文字や記号
・ニューメリックチェック：入力した文字列が数値のみで構成されているか否かを判別すること

④教師データ自体の問題

　教師あり学習の場合、教師データの数と品質が重要になります。機械学習の入門書ではよく「アヤメの分類」が取り上げられます。これはアヤメの花の形状データから3つの種類に分類するものです。この場合、教師データとしてそれぞれの種類のアヤメのデータが数百件あり、それで学習させた後に新しいデータを使ってアヤメを分類します。もちろんサンプルデータを使いますからデータの信頼性もあります。

　一方、第3章で紹介した製造業の不良品予測の場合、たとえば不良率が5％であれば過去の生産データ1万件のうち不良データ（教師データ）が500件あります。不良率が1％なら100件、0.5％なら50件です。どの程度の教師データがあればいいかという定量的な数値を出すことは難しいですが、通常は教師データの数が少ないと予測精度が下がることがあります。経験則で申し上げると、1万件のうち不良データ（教師データ）が50件程度なら、機械学習の精度は上がりません（もっとも不良率0.5％なら改善する必要がないかもしれないですが）。いくら全体のデータ数が多くても、教師データの数が少ないと精度が出ないことがありますので注意が必要です。

　また、IoTのように機械が収集するデータはノイズなどの影響がない限り正しいデータが収集できますが、人が入力したデータは誤っている可能性があります。もしAI精度が低い場合は、教師データを増やす、教師デー

タの信頼性を向上させるなどの対策が必要となります。

５−２−３　中小企業での留意点

　上記までは、一般的な概念実証の考え方についてお話ししました。では、今これを手に取っておられるような中小企業の経営者層の方々も、同じような考えで対応すれば良いとは言えません。なぜなら、一般的に中小企業は経営資源（人・物・金・情報）に制約がありますので、大手企業と同じように多くの時間と経営資源を費やすことには、余裕がないと考えられるからです。

　AI を導入しようと考えると、画像データの作成、レガシーデータの収集・加工・クレンジング、概念実証の繰り返しなど、今までになかったデータの取扱いに掛かる作業が増えることになります。そんな中小企業のマネジメントにおいては、概念実証のフェーズで特に気を付けたいのは、以下の点だと言えます。

①データ収集

　「AI システム構築には様々なデータが必要であるから、とりあえず関連しそうな項目は揃えないといけないと考えること」。幅広にデータを収集するために多くの時間を使うことは中小企業では難しいため、AI テーマ解決に有効とされるデータを中心に収集することが必要です。生産管理システムなどでデータが一元管理されていれば、CSV 形式のデータ出力機能やツールを使いデータを出力する仕組みを作ることが必要です。

　一方、複数のシステムにデータが分散していたり、システムに加えてエクセルなどでデータ管理している場合は、必要なデータの収集に多くの時間がかかることがあります。そのような場合は、いきなり AI 化を考えずに、まずは従来の IT を再構築しデータの一元化の後に AI 化を検討することも経営判断として必要です。

②データ量

　「AI システム構築にはデータは大量にあった方がベターで、その方が精度も高くなるから、できるだけ多く集めなければならない、また集めるための経営資源（機械や人材）も投入しないといけないと考えること」。

　AIの概念実証では確かに多くのデータが必要です。しかし、データに欠損があったり内容が間違っていたりすると、加工やクレンジングに多くの時間がかかります。たとえば、POSデータを活用し顧客の購買予測をする場合、いつ、だれが、なにを、いくつ買ったというデータが必要です。しかし、多くのデータを収集しても入力漏れが多くあれば使い物になりません。その場合は、的確な業務改善を行い適切なデータと量が収集できる体制を作ることが重要となります。

　また、画像データを使った不良品判別などの画像認識の場合、教師データを付与しますが、データ数が多いと人の手で確認する必要が出てくる（人海戦術）ため社内に過度の負荷を掛ける可能性が高くなります。作業負荷の見積もりを適切に行い対応することが必要です。

③検証内容

　「AIシステムを構築し効果あるものとするためには、精度を上げることが必要なので、学習済みモデルの検証は、目的を達成し充足するまでは何度も繰り返す必要がある、と考えること」。概念実証は学習データを使いAI精度を検証します。1回で要求する精度が出ることもありますが、もちろん出ないこともあります。精度がでない場合は、データ項目を変えたり、データ量を増やしたり、アルゴリズムを変えたりして概念実証を複数回繰り返すことになりますが、回数が多くなれば時間と費用面で中小企業には大きな負担となります。

　概念実証を行う場合、事前にデータサイエンティストと十分検討を行い、的確な時間と費用の見積もりを行うことが重要です。

5-3

AIシステムの開発

5-3-1　AIシステムを中小企業で使うために

　AIシステムのカギを握る「概念実証」のフェーズが終れば、次にAIシステムの開発に入ります。システム開発には、図表5-1の導入プロセスにあるように「機能設計」、「PG(プログラム)開発」、「テスト」等があります。

このうち、PG開発やテストではユーザー側は基本的にすることはなく、あとはAIベンダー（SEやプログラマ）に設計やプログラミングをしてもらうだけです。一方、機能設計では、主にプログラムとユーザー側をつなぐU/I（ユーザー・インターフェース）などの設計を行います。

　本書は、中小企業にてAIシステムを導入しようとした時に読むことを前提に書かれていますので、以下では、現実的にAIシステムを使えるようにするにはどうしたら良いか、その機能設計の考え方について説明します。

5－3－2　AIシステム開発時の留意点

　一般的に中小企業は、経営資源が潤沢でなく制約があると言われます。つまり「ヒト」「モノ」「カネ」においていつでも自由に使えるというわけではないということです。ですから、AIシステム開発に関して留意すべき点を考えるうえでは、まず、中小企業の特質に配慮したものであるべきでしょう。

　例を挙げるならば、AIシステム稼働開始以降、概念実証時に選定したデータを通常業務の一環として取得し続けるとともに、加えてAIシステムにインプットする必要が出てきます。つまり、運用は、AIエンジニアが対応するのではなく、ユーザー側の内部人材で対応していかなければならないことになります。

　これは、①システム稼働後には、従来にはなかった作業工程（データ取得とAIへのインプット）が発生すること、②IT人材が社内に不足している（ほとんど居ない）にも関わらず、社内人材で対応せざるを得ない、という課題を有しており、そのために作業工程の複雑化や新たな作業の追加によるコストアップないしは非効率が発生する可能性があります。

　経営資源に制約がある中小企業にとって、生産や販売といった基幹業務以外のコストアップ要素はできる限り抑制したいところです。ですから、中手企業でAIシステムを実際に使えるようにするためには、稼働後の業務実行環境を想定し、業務の複雑化やコストアップを発生させないような対応を事前に検討した上で、システムの機能設計に取り掛かる必要があるのです。

　このような事前検討によるシステムの実装は、通常のITシステムでも

同様になされるのですが、AIシステムは、次節に説明するような「再学習」という行為がシステムの精度維持向上のカギとなっているために、なおさら重要な意味を有しております。

5−3−3　AIシステムの機能設計の実際

それでは、現実的にAIシステムを中小企業にて使えるようにするために、具体的にどのような対処をすればいいでしょうか？

AIシステムを導入し運用するための業務実行環境として、たとえば、"ユーザーが取得したデータを自らCSVデータに加工し直してAIに入力する"、などは非実用的でしょう。前項でも触れましたが、ITとりわけプログラミングなどに精通している人材は、余程でない限り中小企業にはいないものと想定されるからです。また、このような作業は非常に手間がかかります。

業務実行環境としては、AIシステムを社内で扱う誰もが、容易に日常のデータを収集して、AIシステムに入力できるようにしておく、ということが求められるでしょう。極端な例で言えば、日常データの収集やAIへのデータ入力をしているという行為自体ですらも意識しないで良い、という状態が望ましいと考えられます。

業務作業者が、データの収集とアップロードに関して、それら意味を考えながら手作業でデータを抜き取り加工し、フォーマットを揃えて書き出した上で、AIシステムにアップするという必要性は、こと中小企業においては、過剰で非効率な対応と想定されます（大企業であってもこのような業務は非現実的です）。

従って、この点は従来のITシステムのように、中小企業でも容易に扱えるユーザーフレンドリーなPC画面を設置すべきでしょう。

たとえば、AIへのデータ入力や送信専用のインターフェースとして、ユーザーがキーボードとマウスで簡単に操作できるようなPC画面を設計することができます。これで、日常でのデータ入力を操作しやすくし、また、画面ボタンクリック一つでAIシステムへデータアップロードすると言ったことも可能でしょう。

図表5−5のように、"製造現場での不良品予測"のような簡易なAIシステムであれば、データを送信する画面が設定されており、ユーザー目

線（ユーザーフレンドリー）に立った PC 画面であるといえるでしょう。機能設計はユーザーがシステムを利用するための画面や帳票などを設計します。この工程で AI ベンダーと充分話をして、使い易い U/I を設計することが、末永く AI システムを使い続けるコツと言えます。

図表 5 - 5　ユーザー目線に立った PC 画面（インターフェース）の例

再掲にはなりますが、AI システムの機能設計にあたっては、中小企業の特性も考慮した上で、ユーザー側があたかもシステム導入前と同様の作業負担で運用できるほどの業務実行環境を整えることを第一義に考えるべきです。

そのためにもユーザー側として、IT（AI）プログラマやベンダーに任せきりにせずに、要求すべきところは明確に伝え、最大限の効果が発揮できるようなシステム導入のプロジェクトを目指すことが必要です。

5 - 4
AI システムの運用と精度向上

概念検証にて十分検討され、導入の意思決定がなされたあと、AI システムが構築できれば、次は実際の運用が始まることになります。AI システムでは運用開始後、「再学習」という手続きを、適宜行う必要があります。

5 - 4 - 1　再学習とは何か

一般的に、従来の IT システムでは運用が始まれば、OS のバージョンアップや法令の改訂などがある場合に、IT ベンダーより OS 更新版や法令データ更新版に書き換え対応が行われますが、システム自体を更新することは

ありません（バージョンアップ対応などの時はシステム自体を更新することもあります）。

ところが、AIシステムの方は運用開始後、運用結果をフィードバックして、AI自体に反映させるということが必要になります。これが、「再学習」というAIシステム固有の手続きになります。

5－4－2　なぜ再学習を行うのか

では、なぜAIシステムでは「再学習」という手続きをとる必要があるのでしょうか。

AIシステムを運用すると、構築段階では考えられてなかったような結果がデータとしてアウトプットされることが想定されます。たとえば、不良品判別の場合を想定しますと、AIシステム運用以降に製造ラインで加工方法に変更があると、新たな形状のキズ等の不良原因が発生するでしょう。しかしながら、AIシステム構築時はその不良原因に対してデータを学習していないため、不良品であっても良品判定してしまうことになるのです。

また、現在の情報通信技術の進化は早く、AIに関してはより精度が高いAIフレームワークが登場するなど、その最たるものと言えます。このように内部・外部環境が日々進化変容しているのに、従前の環境で構築したAIシステムをそのまま利用し続けるということは、最適な答えから徐々にずれてくる、つまり判断の精度が徐々に悪化してくる可能性が高まっていると言えます。

このように、AIシステムの運用段階で起こってくる状況に対して適切に手を打たないと、当初想定した効果も得られなかったり、AIテーマの達成もできなくなることもあります。

具体的な「再学習」の考え方は次項に述べますが、「再学習」を定期的に実施することで、最適なAIシステムに更新（精度向上）していくことが担保されるのです。

AIの知能は子供と同じだと考えられます。子供は親に外に連れて行ってもらって、"これは正しいよ"とか"これは間違っているよ"、と都度親から教えられることで、だんだんと生活現場の知識を覚えていきます。不良品判別の例で言えば、今まで見たことのなかった（発生していなかった）

不良品に対して、個別に不良品かそうでないかを、都度「学習」させてい
くことに相当しますが、このように AI システムもだんだんと覚えていく
ものなのです。ですから、AI システムも一旦完成したら後はそれで終わ
りではなく、現在の生の進行結果（進行データ）を都度フィードバックし
て学習し直していく、これで AI システムの利用者が求める精度にさらに
近づくのです。

5－4－3　再学習の手法（考え方）

　最後に「再学習」の手法について、製造業の検査工程での不良品判定を
例に、3 つの場合を考えてみたいと思います。

① 　教師データの修正による再学習

　判定された製品のデータにて、後の再検証などで良品不良品の判定が間
違っているものがあった場合、良・不良の判定データを正しいものに修正
し、改めてこれを教師データとして再度 AI システムにて学習させるよう
にします。直接正しいデータ修正を行うため、精度が向上することになり
ます。つまり、AI の間違いを正すわけです。

② 　システム開発時想定外のデータの取り込みによる再学習

　判定された製品の全データのうち、システム開発段階では想定外の結果
データ（前項で記したような、工程フロー変更による異常値またはシステ
ム考慮外のデータ）が発生している場合は、適切な期間の全入出力データ
をもって、再度学習させてみることを検討します。当初 AI システムを開
発した時と異なった条件の下で、システムが稼働していることも多いと考
えられるので、再度検証することで新たな特徴をもった AI システムとな
り、精度アップにつながる可能性があります。

③ 　情報技術の環境が変化したような場合

　これは、製造業の不良品検査に限ったことではありませんが、前項で述
べましたように、情報技術の進歩は早く、ついこの前のものが早々に陳腐
化することがあります。

　AI 関連であれば、AI エンジニアや AI ベンダーとも相談の上、最新技術

の適用（たとえば利用AIアルゴリズムの変更）をもって再度学習させてみるということもあるでしょう。

　また、そもそもコンピューター自体の性能向上といったハード面の精度向上によりデータ処理能力が高まって、今まで以上にデータの幅や量に対応できるようになると考えられます。そのような場合は、概念実証の最初に行うデータの選定と収集から改めて検討実施してみることも、AIシステムの精度の向上に役立つと思います（図表5－3の概念実証の考え方フロー図参照）。但し、新しい技術を適用したからといって、必ず効果が出るというものではないということは理解しておく必要があります。

　以上、再学習の手法（考え方）について、検討すべきと考えられるものを挙げましたが、これを実際に中小企業で行う必要はありません。システム更新などの実際は、AIベンダーに任せれば良いのです。何が重要かというと、再学習すべき日常のデータを漏れなく蓄積することや、日常データ管理における異常値管理や異常発生状況の把握、誤謬データの修正、また作業工程のフローの変更による影響把握など、現場でしかできないことを確実に行うことだと考えます。

　AIシステムは、人の判断のサポートをしてくれる優れものです。しかし、その前提条件を整備しておかないと、最良の効果を発揮できないと言えます。これは、親が子供に物事を教えるためには、手抜きすることなく、日常生活の細かな変化にも気を遣い続けなければならないことと、よく似ているのではないでしょうか。

5－5
業務改善の実行

　AI導入プロセスとしてAIシステムの開発までご説明しました。AIシステムは、経営・業務的課題を解決するために開発・導入します。単にシステムが完成したからそれで終わりではなく、的確にAI運用を業務の中に組み入れて目的の成果を出すことが最も重要です。
　ここでは、AIを導入し運用するための業務改善計画と実行方法を解説

します。

5-5-1 業務改善の意味

よく業務改革や業務改善と言う言葉を使いますが、改革と改善はどう違うご存知でしょうか？改善とは現在の悪い箇所を直すことで、改革はある目的に沿って現状を直すことです。

たとえば、風邪をひいて熱があるので、病院に行き注射を打ってもらう。これは改善です。

一方、風邪をひかない体質を作るために、生活習慣を変えて毎朝ジョギングする。これは改革です。企業で言うと、「入力作業に時間がかかっているのでEDIを活用する」これは業務改善で、「従来、受注生産であった製造業が、戦略の見直しで見込生産にも対応するために、在庫管理業務を大きく変える」これは業務改革になります。つまり、業務改革は現在の業務が良い悪いに関係なく、戦略や方針が変わることにより業務を変えていくことです。

ではAIの場合はどうでしょうか？AIを全社的な業務改革に活用する例もありますが、現状は第3章の事例でご紹介したように、「野菜の収穫業務」、「不良品の判別業務」、「ECサイトの構築・更新」など、特定の業務改善に活用されるケースが多くあります。ですので、業務改善のためにAIを導入・活用する前提で、その計画作りについてご説明します。

5-5-2 業務改善計画の作成

企業の課題やAIテーマによって、業務改善の対象となる部署や業務範囲は変わりますが、まずは業務改善計画を作成する必要があります。ただし、計画と言っても大げさなものでなくても結構です。要は、AIをどこの業務に導入して、どのように運用して、どのような成果を出すか、そして、どのような業務フローにするかを以下のように検討します。

・対象部門／対象業務
　どこの部署（製造1課など）で、どのような業務（加工業務）が対象か。
・AI機能（活用）
　AIにより何を行うか（不良予測、野菜の画像判別など）

・AI活用法

AIを活用した業務運用方法（作業者が不良予測リストを見て、図面に印鑑を押すなど）

・業務改善時の課題（リスク）

業務改善がうまくできないリスクがあれば記述する（不良品リストを見落とすなど）

・改善成果

当初のAI企画で設定した成果

　これらの項目と共に、業務改善後の業務フローも作っておけば、作業者に説明し易く自身が何をするべきかが理解できるでしょう。図表5－6に業務改善計画の例を示します。

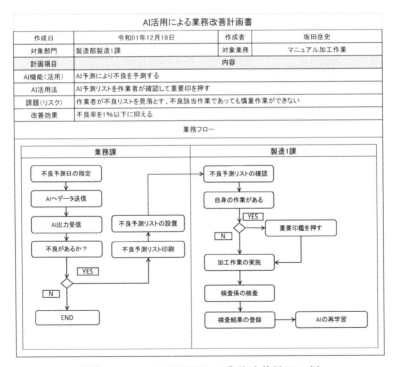

図表5－6　AIを活用した業務改善計画の例

5－5－3　業務改善活動の PDCA

「5－4．AI システムの運用と精度向上」で、ご説明した通り、AI システムは稼働後も常に最新のデータで再学習する必要があります。これは AI に限らず従来の生産管理システムなどの IT であっても、稼働後に使いづらい点があれば改善することと同じで、常にシステムを更新する必要があります。AI と従来 IT では、その意義と方法論が違うだけです。

一方、業務改善も同様です。業務改善計画に沿って新しい業務を行うのですが、計画通りに行かないこともあります。たとえば、不良品リストの文字が小さくて高齢の作業者では文字が見難くて、見落としてしまう、或いは重要という印鑑を押し忘れることもあるでしょう。

その場合はリストを見易くする、リストに担当者名を入れるなどの改善活動が必要です。

AI システムを導入すればそれで終わりではなく、常に PDCA サイクルを回して当初の成果がでるような改善活動を続けることが重要となります。

5－6
AI ベンダーの現状と動向

5－6－1　AI ベンダーとは

AI システムを導入するためには、AI 企画の作成と、その企画が実現できるかを検証する概念実証というフェーズがあり、その後従来 IT と同様に機能設計からプログラム開発、そして、それと並行して業務改善を行う必要があることはご理解頂いたと思います。

第 1 章では AI の中身はブラックボックスでもいいと申し上げました。それはその通りです。ただし、そのブラックボックスをしっかりと対応して、AI 導入プロセスをサポート・実現してくれる AI ベンダーが必要になります。

AI ベンダーには、従来の IT を開発する IT ベンダーと同じように、SE（システムエンジニア）やプログラマがいます。これらのエンジニアは、

第1章でご紹介した4つの領域の「AIシステム構築」に該当しAI導入プロセスでは、機能設計移行を担当することになります。そのため、従来のSEやプログラマと同じスキルが必要ですが、それに加えてAIシステムを開発するために利用されるPython言語が使え、かつAIクラウドやAIアルゴリズムのAPI利用法を理解している必要があります。

　また、本書では何度も登場していますが、概念実証を担当するデータサイエンティスト（データ解析の専門家）は、AIシステムの開発では非常に重要な存在になっています。

　現在、AIシステム構築に対応する国内の大手ITベンダーや、ベンチャー系のAIベンダーは、データサイエンティストを養成し概念実証に対応しています。しかし、これらの多くは大企業の顧客がターゲットであり、中小企業や小規模事業者向けと銘打っているAIベンダーは少ないのが現状です。

　実はこれが中小企業のAI導入が遅れている原因の1つと考えられます。たとえば、従来の販売管理や顧客管理などのITでは、大企業向けから中小・小規模向けのパッケージがあり、かつスクラッチ開発するITベンダーも多く存在します。また、少し勉強すれば中小企業でもファイルメーカーなどを使って自社システムを開発できます。しかしAIとなるとそうもいきません。

　尚、AIでパッケージという言葉は馴染みが少ないですが、第2章で紹介した「BakeryScan（パン屋さんのレジ自動計算）」やスマートOCRのように、AIベンダーが企業や店舗向けに開発したものや、第3章の事例で登場した「ゑびや」のように自社向けに開発したAIシステムを他社でも利用できるように外販しているケースがあります。また、後で紹介するようにWebマーケティングから翻訳、医療、業務改善などに利用できるAIソリューションも多く登場しています。これらはAIパッケージと呼んでもいいでしょう。

　このように中小企業にとってAIシステムの導入は、中小企業に対応できるAIベンダーやAIパッケージの数が少ないなど課題が多くなっています。しかし、中小企業向けと銘打つ企業や中小企業でも活用できるAIパッケージも登場し始めています。中小企業としては、このような情報を常に収集し、自社で活用できるAIパッケージやAI導入のパートナーとなるAI

ベンダーを見つけることが必要となります。

5－6－2　AIベンダー類型

　AIベンダーの現状についてご説明しましたが、現在AIベンダーは図表
5－7にあるように、自社でAIパッケージを開発販売する企業とスクラッ
チでAIシステムを開発する企業に大きく分類できます。現在、このよう
なAIベンダーは国内に約300社程度あると言われています。ここではAI
ベンダーの現状と中小企業の取組みについてご説明します。

No.	分類	内容
1	自社で AI パッケージを開発販売	自社開発又は既存のAIライブラリを使い、企業や個人向けのAIパッケージ、ソリューションを提供する企業。従来の国内大手ITベンダーから、中小・ベンチャー企業まで参入している。
2	スクラッチで AI システムを開発販売	企業向けのAIシステムを一から開発する。大手ベンダーからベンチャーまで対応しているが、中小企業向けと銘打っている企業は非常に少ない。

図表5－7　AIベンダーの分類

（1）自社でAIパッケージを開発販売するAIベンダー

　AIパッケージは、販売管理や生産管理など業務全体をカバーするもの
は少なく、従来のシステムにAI機能を付加したものや、特定の業務に特
化したシステムが多くなっています。

　たとえば、筆者が代表を務める「中小企業AI普及ネットワーク」では、
「不良品バスター愛：AI」というAIパッケージを販売しています（詳細は
http://sme-aipn.biz/）。これは既存の生産管理システムからデータを不良
品バスターに送ることで、当該作業が不良になるかどうかを予測するもの
です。これは、既存の生産管理システムに機能を付加した形で利用します。

　また、京都のIT企業7社が集まりパッケージソフトやクラウドサービス
等を提供する「京なかGOAN（京都市下京区、代表：桂田佳代子）」では、
京都府の助成を受けて中小製造業向けにAIを活用した見積算出システム
「図面からパパっと・見積」を開発しています。同製品は過去の図面と見
積金額からAIが、新規図面の概算見積もりを自動計算するもので見積精
度70％を目指し実証実験を行っています。京なかGOZANのメンバー企

業はいずれも中小ITベンダーですが、1社では対応できないAIシステム開発を数社が集まりタッグを組むことでAIに対応しています。このような形で中小ITベンダーが連携してAIに対応することで、今後中小企業向けAIパッケージが多く登場することが期待できるでしょう。

京なかGOZANのメンバー企業	開発の役割
エイジシステム株式会社	AI開発（SonyのAIエンジンを利用）
株式会社システム創見	Web開発（AIと連携した全体システム）
ジック株式会社	システム仕様作成
京なか株式会社	全体とりまとめ、広報・営業、学習図面データの用意

図表 5 − 8　京なか GOZAN の取組み

　さらに、AI-OCR＋RPAの場合は、手書伝票をAIで高い精度で読み取り、それをRPAで基幹システムに取り込みます。他にもWebのアクセスデータからWebページの改善レポートを出力したり、店舗のカメラで顧客導線をAIで分析して、マーケティング効果を測定するものや接客用の会話をするAI、第3章の事例にあったような農作物を自動収穫するAIロボットもあります。図表5−9にこれらのAIパッケージを提供する主なAIベンダーを示します。

　なお、これらの企業の多くは、AIベンチャー企業やAI技術習得が可能な企業体力（従業員数や資金力）がある企業、或いは大企業の関連会社となっています。従来のITは大企業には大企業向けのITベンダーがあり、中小・小規模企業向けには、規模に応じたITベンダーが存在していました。しかし、AIの場合は大企業、中小企業というユーザー企業の規模ではなく、AI技術を持てる企業体力があるかないかでAIベンダーの存在有無が決ま

ると考えられます。そして現在はレガシーデータが豊富にある、或いは
IoT などで新しいデータを収集できる大企業に AI システムのニーズが多い
ため、大企業向けの AI パッケージや AI ベンダーが多くなっているのです。

　図表 5 - 9 の AI パッケージの中には、月額数千円で利用できるものも
あります。中小企業でも、自社の経営・業務課題を解決できる AI パッケー
ジがあれば、費用対効果を充分検討して活用することもいいでしょう。

No.	企業名	AI 提供分野	利用金額	AI サービス
1	データアーティスト株式会社	マーケティング	個別見積	AI を活用したマーケティングツールを提供している。過去に配信されバナーとクリック率の関連をディープラーニングにより分析し、バナー広告を自動生成できる「ADVANCED CREATIVE MAKER」を開発した。
2	GMO クラウド株式会社	リテール AI	Basic プランは初期費用 5 万円、月額 2 万円から	小売店の店内にカメラを設置し、来店客をの属性や行動を AI が分析する、「リテール AI」を展開中。店舗の陳列や販促行動を最適化や、顧客の新しいニーズを発見できる。
3	株式会社グラッドキューブ	AI-Web 解析	個別見積	AI を活用した Web 広告配信やサイト構成、ページの改善レポートを作成する、SiTest(サイテスト) を提供中。各種分析に加え改善の為のコメントも得られる。
4	inaho 株式会社	農業における AI ロボット	収穫ロボットを農家に貸す	AI とロボット技術を活用し、野菜の自動収穫ロボットを開発している。第 3 章のアスパラガスの自動収穫ロボットも同社が開発した。
5	Gatebox 株式会社	コミュニケーション	個人向け買い取り	プロジェクション・センシング技術を活用し、コミュニケーション為のバーチャルロボット「逢妻ヒカリ」などを提供している。また、自身でキャラクタを作る事もできる。
6	株式会社 ACES	画像認識アルゴリズム	個別開発	主に画像認識の AI アルゴリズム SHARON(シャロン)などを提供している。API が用意されていて自社のビジネスでも利用可能である。
7	株式会社イノベーションネクスト	AI-OCR	個別見積	AI-OCR+RPA で紙の注文書や請求書、納品書など電子データ化し、基幹システムに取り込む事ができ入力業務が大きく改善される。
8	株式会社アシスト	業務自動化	個別見積	RPA による定型業務の自動化だけでなく、AI による人の判断(見積作成など) も自動化する「AEDAN」を提供している。
9	木村情報技術株式会社	AI 情報提供システム	個別開発	IBM-Watson の自然言語処理などを活用した、社内問合せシステム「AI-Q」を展開している。ヘルプデスクや営業支援等に活用できる。

10	株式会社マツリカ	営業支援 AI	クラウド型スタータープランは月額2.5万円～	AI型の営業支援ツール「Senses」を提供している。担当者が持つ顧客情報やアイディア、メール内容、行動などのナレッジを AI が分析し、次の行動の支援を行う。
11	株式会社ココペリ	ビジネス提案 AI	会員登録は無料	企業の決算データ等を AI が分析し、経営課題や次の戦略作成などを提案支援する「SHARES AI」を提供している。AIの提案を受けて専門家に相談もできる。
12	株式会社エーアイスクエア	オペレーション支援 AI	個別開発	AIを活用した自動応答システム「QuickQA」や文章や音声から内容を要約・分類する「QuickSummaruy」を提供している。
13	株式会社ティファナ・ドットコム	接客 AI さくらさん	初期費用 90 万円プラス月額費用	AIさくらさんと言う接客システムを展開中。外国語での回答や観光コンシェルジュ、会社の業務内容を理解し社内ヘルプデスクにも活用。
14	AI TOKYO LAB 株式会社	AI カメラ	個別見積	AIカメラを活用して店舗来店者の属性、人数、回遊導線などを分析し、配布したチラシに合った顧客が来ているかなどが分析できる。
15	株式会社 AI トラベル	AI 出張管理	個別見積	出張先、目的地、時間、人数を入力するだけで AI が最適なホテルや交通手段を決めてくれる「AI-travel」を提供している。間接業務のコスト削減が図れるツールである。
16	アイリス株式会社	インフルエンザ診断 AI	問合せによる	インフルエンザ特有の症状を AI画像認識で診断し、簡単、正確、早期の検査方法を実現した診断支援 AI機器を開発している。
17	株式会社 Spectee	AI 情報収集、AI アナウンサーなど	個別見積	AI技術を活用し SNS等から有効な情報を収取・分類して配信する「Spectee」を提供している。また、人に近い話し方ができる、AIアナウンサー「荒木ゆい」も提供している。
18	株式会社エルテス	内部不正監視 AI	月額 40 万円から	社内の様々なログデータから AI が人の行動を解析し、異常行動や兆候がある人物を検知し、情報漏洩等の内部脅威に対応できる「Internal Risk Intelligence」を提供している。
19	株式会社アルティメット総研	ウチコミ！くん AI	－	部屋の入居希望者が、お部屋リクエストに条件を入力すると、AIが独自アルゴリズムで条件に合う物件を自動収集してくれるサービス、「ウチコミ！くん AI」を提供している。
20	Xtra 株式会社	AI 翻訳サービス	月額 9800 円	翻訳精度95%の T-400 と言う翻訳エンジンを使い安価で高精度な「Qlingo」という翻訳サービスを提供している。ワードやPDFなどの文書をそのまま翻訳できる。
21	サイジニア株式会社	写真認識検索アプリ	スマホアプリ	AIを活用した、写真で買えちゃうファッションアプリ「PASHALY（パシャリィ）」を提供。Webで見つけたモデルさんが来ている洋服などを売っている ECサイト等を教えてくれます。

22	SELF 株式会社	利用者との会話	個別開発	ユーザーとの会話の中から、要望や興味、希望などを把握して最適なナビゲートをするコミュニケーション AI「SELF」を提供している。雑談もできる。
23	株式会社 ガルフネット	自動シフト作成	個別開発	過去の来店客数や近隣のイベント情報、天候などの情報を基に、「Gulf-AI」が1週間の来店客数を予測する。それに基づく、月別・週別・日別・時間別のシフト表を作成する。
24	ネットスマイル株式会社	業務自動化	個別開発	将来分析、原因分析、経験者判断、インテリジェンと検索ができる AI-RPA「AIタスクロボ」を提供。将来分析では、電力消費量や株価予測などができる。
25	イー・ガーディアン株式会社	各種検知システム	個別見積	AIを活用し SNSや blogなどの投稿を収集して、誹謗中傷・情報露営などを監視する「E-Trident」や、模倣品画像などの不適切画像を認識する「ROKA SOLUTION」を提供している。
26	株式会社 COMPASS	学習教材	個人向けは月額 1950 円から	生徒によって解答方法や間違え方もそれぞれある。AI型学習教材「Qubena」は、生徒一人ひとりに合った問題を出す事ができる。パーソナライズ学習システムが効率的な学習を支援してくれる。
27	AIREV 株式会社	テキスト解析	個別見積	人と同じように言葉を理解するAI「Cohaku」を開発している。Web上のデータを効率よく収集して必要な情報に整理して提供するサービスや文章の要点を抽出した要約文章を作るサービスなどを提供している。
28	株式会社 ROX	需要予測	AI-Hawk は、月額 9800 円から	パン屋などの製造小売業の来店者予測をする「AI-Hawk」や、物流業の貨物量や注文数を予測する「AI-Buffalo」を提供している。早く、簡単に使えて精度が高い事が特徴である。
29	株式会社ロカラボ	AIシステム個別対応	ミニマム PoC は、10 万円～200 万円	「AIの導入をしたいが、どこから手を付けていいかわからない」という企業に対して、AIコンサルティングから PoC、AIシステム開発まで対応している。ミニマムPoCという低価格で精度検証ができるサービスも提供。
30	株式会社 ABEJA	AIプラットフォーム	個別開発	独自のAIプラットフォーム「ABEJA Platform」を活用して小売店での来店者分析、導線分析などを行い、店舗改善や効果検証をサポートしている。その他の業種でも業務効率化などの実績がある。

図表5－9　AIパッケージ提供会社
（各社のホームページ等を参考に作成）

（2）スクラッチでAIシステムを開発するAIベンダー

　一方で、自社で開発したAIアルゴリズムや既存のAIアルゴリズムを使い、個別のAIシステムを開発する方法もあります。何度も申し上げていますが、AIシステムの場合は、概念実証を経てAIシステムを開発します。これは、先のAIパッケージと同様に高度なAI技術が必要になり、対応できる企業も限られてきます。

　図表5－10は国内の大手ITベンダーのAI対応状況です。これらの企業では自社独自のAIフレームワークを開発し、それを活用した業種毎のソリューションを提供しています。

1	日本電気株式会社	NECtheWISEによる業種毎の効率化など	認証、認識、分析など複数のAI技術を組み合わせる事で、製造や流通などの業種の業務効率化などに対応できる、「NECtheWISE」を提供している。
2	富士通株式会社	AI技術Zinraiによるソリューション提供	画像認識、音声認識、自然言語処理、予測分析などAIでできる多くの技術を統合した「Zinrai」によるソリューションを提供している。
3	日本ユニシス株式会社	Rinzaによるソリューション提供	AIと自社技術等と組み合わせた「Rinza」により金融、需要予測、再生可能エネルギー自動制御、災害予知など幅広い分野でソリューションを提供している。
4	株式会社エヌ・ティ・ティ・データ	corevoによるソリューション提供	NTTグループとしてのAI「corevo」を使い、音声認識、自然言語処理、認知処理技術などを使い、案内ロボット、翻訳、業務自動化など広い分野にソリューションを提供している。
5	ソニーネットワークコミュニケーションズ株式会社	ノンプログラムによる機械学習	機械学習による分析予測AI「Prediction One」をソニーと共に提供している。GUIを使いプログラミングなしで利用できるので、専門知識がなくてもAIを利用する事ができる。

図表5－10　国内大手ITベンダーのAI対応状況
（各社のホームページ等を参考に作成）

　たとえば富士通株式会社は、自社独自の AI である「Zinrai」を活用し、画像認識による外観検査などのプログラムが早く簡単に作成できるシステムを提供しています。また、過去の発注実績データを基に、最適な調達先をレコメンドすることもできます。このような AI を活用すれば企業の生産性が大きく向上するでしょう。国内の企業が独自の AI 技術でシステムを提供する事は、日本の AI を牽引するという意味で素晴らしいことだと思います。ただし、これらの AI システムは価格的に見ると中小・小規模事業者が導入をするには少し敷居が高いと思われます。もちろん AI 技術を安売りする必要はありませんが、やはり従来 IT と同様に中小・小規模事業者向けの AI ベンダーが多く登場しないと、企業のすそ野まで AI が普及しないのは事実です。

　一方で、あえて中小・小規模事業者向けと銘打っている AI ベンダーもあります。「中小企業 AI 普及ネットワーク」で筆者と共同代表を務める、京都イノベーション株式会社・代表取締役の河村竜幸氏は、中小企業に AI を普及させるために、あえて中小企業向けの AI システムの開発を受託しているといいます。

　河村氏は、奈良先端科学技術大学院大学で AI の研究を行い、その後大手メーカーで画像認識による外観検査を担当していました。そして、2014年に京都イノベーション株式会社を立ち上げました。当初は Web 制作や業務システムの受託開発を行っていましたが、2017年に大学の研究室で共に AI 研究を行っていた上岡隆宏氏の入社をきっかけに、AI システム開発へと舵を切っていきます。現在は、主に中小企業を中心に AI システムの概念実証からシステム構築を受託しています。

　AI システムの開発では先にご説明したように、概念実証ができるデータサイエンティストがおり、かつ AI 技術を活用したシステム構築ができる必要があります。同社はどちらも対応できることが強みであり、現時点では中小企業向けの AI ベンダーとして貴重な存在と言えるでしょう。

　尚、京都イノベーションのように中小企業向けの AI システムを開発する企業の存在も重要ですが、AI は既存システムとデータ連携することも多くあります。事例でご紹介した「不良品バスター愛：AI」は、既存の生産管理システムとデータ連携します。事例では既存システムに機能をアドオンしましたが、AI 連携を標準機能として提供することも中小企業の AI

普及を後押しするでしょう。

社名	京都イノベーション株式会社
代表取締役	河村竜幸
設立	2014年10月1日
資本金	1770万円
従業員	31名（アルバイト含む）
事業内容	システム開発受託 ウェブサイト制作受託 ITコンサルティング（新規事業開発支援） 情報システムBPO AI概念実証・AIシステム開発
所在地	 〒604-8151 京都市中京区蛸薬師通烏丸西入橋弁慶町223番地 光洋ビル 3階
URL	http://kyotoinnovation.jp/

図表5-11　京都イノベーション企業概要

　名古屋市に本社がある、「CMA株式会社」では、自社が開発販売する生産管理システム「Othello Connect（オセロ・コネクト）」に、不良品バスター愛のAPIを使ったデータ連携機能をオプションで装備しています。「Othello Connect」はクラウド型で、かつシステムに入力された情報がガジェットとして画面表示できることが特徴です。図表5-12は「Othello Connect」のAI連携ガジェットです。既に作成されている生産計画の中から、日付と工程を指定して「GO」ボタンを押すと、データがクラウド上の不良品バスターに送信され、不良可能性が高い生産データをガジェットに表示します。

　今回は、不良品バスターを例にご説明しましたが、生産管理に限らず中小企業向けの業務パッケージも今後は、このようなAIシステムと連携する機能を付加していくことが、中小企業のAI普及を促進するでしょう。

　現在、中小企業向けと銘打って対応しているAIベンダーは、まだまだ少ないですが、最近では従来の中小ITベンダーもデータサイエンティストを育成し、中小企業のAIシステムに対応しようとしている企業があります。今後は、このような企業が増えてくる可能性があります。中小企業としては、AIベンダーの動向を常にウォッチして自社のAIパートナーとなる企業を見つけることが重要となります。

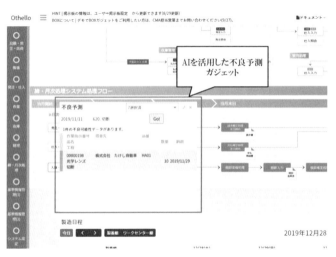

図表5－12　Othello Connect の AI 連携ガジェット
「Othello Connect(R) は CMA 株式会社の商標です」

Column 5

概念実証と京大受験

　数年前、筆者の息子は京都大学合格を目指す受験生でした。国立大学に限らず、大学受験する受験生は模擬試験を受けます。模擬試験の結果では、A判定、B判定、C判定、D判定なるものがあります。A判定は合格確率80％以上、B判定は60％、C判定は40％、D判定は40％以下となっています。A判定なら迷う事なく志望校を受験するでしょう。C判定やD判定なら別の大学を受ける選択肢もあります。一番やっかいなのでB判定なのです。合格確率60％と言われると、う～んどうしようかなと多いに悩みます。悩んだ結果、当初の志望校を受験すると決めるのは、学校の先生でも親でもなく受験生本人です。結果がどうあれ、本人が責任を持って決める事が重要ですね。

　AIの概念実証はAIの精度を検証する重要な作業です。ここでは、データサイエンティストと呼ばれるデータ解析の専門家が、難しい数学やAIアルゴリズムの知識を使って必死にAIと格闘します。まさに試験問題と格闘する受験生と同じです。

　本書の4章や5章で紹介しているように、収集されたデータの整備をして、AIに学習させモデルを創る、そして、そのモデルを使い新たなデータを入れてAI精度を検証します。1回で納得する精度が出る事は少なく、アルゴリズムを変えたりデータ項目やデータ量を変えたりしながら最も良い着地点を探し出すのです。

　AIの概念実証では、1浪、2浪は当たり前で、10回以上トライする事もあります。ただ、大学受験と同じでトライ数が多くなると時間とコストがかかります。また、10回トライしてよい精度がでる保証があればいいのですが、そんな保証はありません。概念実証をどこまでやるかは、非常に重要な経営判断になるのです。そしてそれを決めるのは経営者です。

　ちなみに、うちの息子が受験生の時、予備校でどのような受験指導をしてどのような勉強をしているかはわかりませんでした。しかし、模擬試験の結果は親に送られてくるので試験結果やA判定等の意味はわかります。

　それと同じように、経営者はAIの中身や概念実証の作業内容までわかりません。しかし、本書で解説しているAI精度を判断する為の正解率や再現率などの意味は的確に理解して、概念実証の結果からAI採用の可否を判断する事が重要なのです。

第6章
AI時代の中小企業の取組み

　さて、ここまでAIでできることやAI活用事例、AIの基礎技術、AI導入プロセスなどについてご説明しました。AIについて理解も深まってきたと思います。中小企業ではAI導入の課題もありますが、逆に大企業にはない優位性もあります。優位性を発揮してAI導入を行うことで、生産性向上などの成果が期待できます。

　最後に、これからやってくる中小企業のAI時代に必要な取組として、経営者の取り組み内容、費用対効果の考え方、AI人材の確保や育成などについてご説明します。

6－1

中小企業の優位性

　本書の冒頭でも申し上げたように中小企業ではAI導入の課題があります。しかし、逆に大企業にはない優位性もあります。本節では、中小企業だからこそAIだということをご説明したいと思います。

6－1－1　　迅速な意思決定ができる優位性

　たとえば、お父さんとお母さん、大学生の娘さんと高校生の息子さんの4人家族が2組あるとします。仮に家族Aと家族Bとします。家族Aでは、今度新しい自動車を買うことにしました。お父さんはカッコいいスポーツタイプがいいと言います。お母さんは買い物に便利なコンパクトカーがいいと言い、大学生の娘さんはボックスカーが欲しいと言います。なかなか家族で意見がまとまりません。一方、家族Bも新車を買うことになったのですが、こちらは亭主関白なのでお父さんの鶴の一声で決まりました。

　いきなりAIとは関係ない話で恐縮ですが、大企業ではAIに限らず、システム導入では稟議を回したり、各部門に根回したりいろいろ大変で、家族Aのように導入に時間がかかることが多くあります。しかし、中小企業では社長が納得すれば、家族Bのように鶴の一声で決まることも多いでしょう。

　AIには、精度を検証する概念実証という重要なフェーズがあります。ここの結果を見て、AI導入を決めるのは最終的には経営者です。大企業では、いろいろと手続きに時間がかかることがありますが、中小企業の場合、社長が意思決定できる充分な情報を用意することができれば、概念実証の結果を見てすぐに導入可否の判断ができます。意思決定速度が速い中小企業では、素早いAI導入ができる可能性があるのです。

6－1－2　　部門の壁が低い優位性

　従来のITは、基幹システムとして、全社的な業務に導入することが多くあります。たとえば、製造業なら生産管理システム、卸業なら販売管理システムなどです。また、見積作成や図面管理、顧客管理など特定の業務にだけ導入されることもあります。

　一方、AIシステムはと言いますと、基幹システムとして導入されることは少なく、特定の業務に活用されることが多くあります。

　たとえば、品質管理部門の業務として不良品判別に、画像認識を使ったAIを導入する場合、大企業であれば不良品の低減活動は品質管理部が担当することになります。製造部門も、もちろん品質管理部に協力して不良品低減活動を行うでしょうが、もし今までのやり方が変われば、製造部門が抵抗することもあります。

　また、営業部門がAIを活用した需要予測を行い、それに基づく生産性計画作成を製造部門に依頼した場合、製造部門では「AIの指示で生産計画を作って、本当に大丈夫なの？」という声が出るかもしれません。これがいわゆる部門の壁です。これはAIに限ったことではないですが、一般的に企業規模大きくなるほど部門の壁は高くなる傾向があります。

　一方、中小企業にも部門の壁はありますが、先の意思決定速度が速い優位性と同様に社長がトップダウンで指示することで、この壁がなくなることが多くあります。私も中小企業のIT経営コンサルを数多くやってきましたが、その中で、社長のトップダウンで解決した問題が多くあります。その意味で、特定の業務に活用するAIの場合は、中小企業ほど促進されるでしょう。

6−1−3　宝の山であるデータの存在

　AIはデータがないと活用できません。第1章の中小企業の課題でもデータ化されていないことが課題であると申し上げました。確かに、商店街の八百屋さんや魚屋さんでは、システムを入れる必要もないのでデータ化ができないかもしれません。しかし、従業員20人以上の製造業や店員5人以上の小売店などでは、生産管理システムやPOSシステムを導入しているところが多くあります。実際、筆者も従業員30名の製造業で不良品予測のAIシステムを導入した実績があり、また店員3名の小さな小売店のPOSシステムデータを使ったAIを企画しています。これらのデータの多くは、既存システムのデータ（レガシーデータ）になりますが、何らかのシステムを利用している場合、AI活用できる可能性があります。

　少し前向きな言い方をすれば、中小企業ではデータ化されていない所も多いですが、逆にシステムを使っていれば、そこには宝の山が眠っている

と言えます。

　ただし、単にデータがあるだけではダメで、たとえば、「タイムリーにデータが取りだせる」、「データに欠損がない」、「正確にデータが入力されている」などの条件があります。

　中小企業では先にお話をしたように、意思決定が早く、部門の壁が低いという AI 導入における優位性があります。この宝の山を使い AI で生産性を向上させる可能性を秘めているのです。中小企業の方は、ぜひこの現実をご理解頂き、AI 導入にチャレンジして頂ければと思います。

6－2
AI時代の経営者の役割

6－2－1　経営者の仕事とAI活用

　経営者の役割はもちろん会社の経営です。経営とは何か？と聞くと人により答えは違うでしょうが、筆者は「経営資源を活用して企業ミッションを達成する活動」と考えています。つまり、「人・もの・金・情報を活用し会社の使命を達成するために収益を上げる活動」ということです。こういうと、IT や AI 活用は社長さんの仕事ではないと思うかもしれません。

　実は、先の経営とは何かという話の中に「・・・収益を上げる活動」とありました。この活動を行うためには、単にお金や人を集めて、ものを買うだけではなく、それらを使って収益を上げる仕組みが必要です。これには、売る仕組み（営業管理）、作る仕組み（生産管理）、人の仕組み（人事労務管理）、お金の仕組み（会計管理）などがあります。これらはいわゆる経営管理といわれ、中小企業ではこれらの経営管理を社長さんが直接行うことも多くあります。

　そして、これらの管理活動を効率よくスムーズに行い、生産性向上を図るために IT や AI が活用されます。そのため、中小企業において経営者は、AI 等を活用した業務改革や改善を行う必要があります。ただし、社長さんが AI の詳しいことを知る必要はありません。本書では、AI のブラックボックスを少し薄くするための解説を行っていますが、基本的に中小企業にとって AI はブラックボックスでいいのです。ただし、重要なことが 2

つあります。

①AIでできることを理解している

　第2章でご説明した、AIクラウドサービスやAIフレームワークなど、既に開発されているAIを使うことで、AIシステムを作ることができます。その結果、第3章の事例でご紹介したAI導入・活用ができる訳です。AIでできることを理解していないと、自社の経営・業務課題がAIで解決できるか判断できません。ですので、経営者としてAIでできることを理解していることが重要です。

　また、AIでできるとしても大きな投資になると中小企業では難しくなります。次の節でAI投資の費用対効果の考え方を説明していますが、いくら効果があっても投資できる上限額があるでしょう。この場合、中小企業向けのAIベンダーを見つけ、パートナーシップを持って開発導入する必要があります。

②AIの作り方を理解している

　第5章では、AIシステム企画の作り方や概念実証の内容などAI導入プロセスをご説明しました。AIシステムでは特に、上流工程であるAI企画と概念実証フェーズが重要になります。AI企画は中小企業が自社で作成する必要がありますが、概念実証は専門家に任せれば大丈夫です。ただし、このようなフェーズがあり、そこで何をやっているかを理解する必要があります。

　たとえば、画像認識で不良品判別を行うAIを企画した場合、AIベンダーが「AIが正しい答えを出せるように検証が必要です」、「検証の結果ダメなこともあります」、「また、検証状況によっては半年以上かかることもあります」と言った時に、「なんでそんなに時間がかかるんだ！」というようでは、AIシステムの構築は難しいでしょう。

6－2－2　費用対効果を検討する

　企業の投資の中で、研究開発費、広告宣伝費、IT投資は効果がわかり難い3大投資といわれています。新製品を開発する場合、通常は市場調査を行いある程度の見込みがあると判断しなければ開発に踏み切れません。

逆に見込があれば投資対効果も予測できます。しかし基礎研究の場合は、研究成果が出るかどうかは、やってみないとわからないことも多くあり、費用対効果を予測しにくいものです。また、新聞に折込みチラシを入れた場合、まったく来店がないと効果なしとわかりますが、来店があったのは広告を見たかどうかはわかりません（折込みチラシを持参したら割引くなどがあればわかりますが）。

　従来のIT投資も同じで特に業務システムの場合は、その効果が図り難いのです。この場合、効果は図り難いですが、投資額は当初から明確になっています。生産管理システムを開発する場合、ITベンダーが1000万円の見積を出せば、追加要望がなければこの金額で開発できます（そう上手くいかないこともありますが）。

　一方、AIは従来ITと逆で、AI活用効果は「不良率の低減によるコスト削減」や「顧客の来店予測による売上増」など、比較的予測しやすいケースが多くあります。しかし、概念実証にどのくらい時間とコストがかかるかを当初から正確に見積もることが難しいため、費用の予測精度が低くなります。

　このようにITやAIでは費用対効果の検討が難しい面がありますが、次にご紹介する4つのフェーズで考えるとその効果も予測しやすいと思います。次にIT・AI投資の成果予測についてご説明します。

（1）時系列で効果を予測する

　従来の生産管理システムや販売管理システムなどのITを導入する時の効果予測の方法にはいくつかありますが、図表6－1の様にシステムが導入されてからの時系列で検討する方法があります。以下では、小売店のPOSレジシステムを例にご説明します。

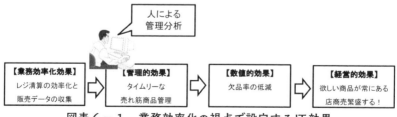

図表6－1　業務効率化の視点で設定するIT効果

①業務効率化効果

　ある会社が新規に雑貨等を売る小売店を開店することにしました。来客が多くレジが混雑することが予測されるので、POSレジシステムを導入することにしました。これでレジの精算が効率的にできます。

②管理的効果

　そして、POSレジが入ると日々売れた商品の情報が収集・集計できます。このデータを使うと、その日の売上高や、売れた商品が簡単にわかります。これにより、売上管理、売れ筋商品管理などの管理活動が効率化でき精度も向上します。

③数値的効果

　売れ筋商品の管理が容易にできるようになれば、当然販売予測もでき、よく売れる商品を在庫することで欠品率が低下し、それにより売上も向上します。また、日々の売上や利益状況もタイムリーに把握でき、人員の配置やシフトなどにも役立ちます。

④経営的効果

　そうすると、常にお客様が欲しい商品が店頭に並ぶことになり、店員の数も適正化でき、「あのお店はいつ行っても、欲しいものが揃っている」、「店員さんも揃っていて、いつでも商品説明を聞くことができる」という信頼ができ、商売繁盛に繋がります。

（2）AIの活用効果

　AIでは1章で説明したように、従来のシステムにある「レガシーデータの活用」と、IoTで収集したデータや画像など「新たなデータ」を活用する方法があります。どちらのAI活用効果も従来ITと同じように考えることができます。

　たとえば、先のPOSシステムの場合、活用のポイントは「いつ」、「なにが」、「いくつ」売れたかのデータを収集し、売れ筋商品管理を行うことで欠品をなくし売上を上げることです。従来、売れ筋商品管理は人が仮説と検証を繰り返して仕入商品を決めますが、この人が行っていた管理業務を

AIに代替えすることが可能です。POSによる売上データでAIを学習させて明日以降の品揃えをするわけです。

　つまり、従来のITでは「管理的効果」を出すのは人間でした。ここにAIを使うと、図表6－2のように人に代わってAIが既存データを使い売れ筋商品を予測します。予測結果に従って商品を仕入れて品揃えを行うことで、欠品低減、売上増を狙う訳です。この場合の効果は、人の代わりにAIが行うことにより、①売れ筋管理という管理業務の精度が向上する、②売れ筋商品管理による品揃えが短時間でできる、③従来管理を行っていた人材が違う業務ができる、という効果が出ます。これは、従来のITによる効果では得られなかったAIだからこそ得られる効果と言えます。

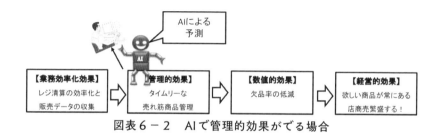

図表6－2　AIで管理的効果がでる場合

　次に、従来人が行っていた業務自体をAIが行う場合、業務効率化効果が期待できます。第3章の「アスパラガスの自動収穫」や「画像による不良品判別」の事例では、人がやっていた業務をAIで行っています。収穫作業や不良品判別作業自体が効率化でき、AIが学習を積みかさねると精度も向上します。また、アスパラガスの自動収穫では作業効率化により、圃場が増えて収穫量も上がりました。この場合は、管理的効果を飛び越えて数値的効果が直接出ることになります。

　このことからAIの効果は次のように検討するのがいいでしょう。

①管理業務の効果

　人に代わりAIで管理業務を行い、管理業務の効率化と精度向上を図る。これにより、売上増などの数値的効果を出す。

②業務効率化の効果

　人に代わりAIで作業自体を行い、作業効率化を図る。これにより生産

能力などを広げ売上向上などの数値的効果を出す。

$$労働生産性 = \frac{営業利益（Output）}{従業員数（Input）}$$

図表1－2　労働生産性による定量化（再掲）

　第1章では、生産性を労働生産性で表しました。管理業務の効果も業務効率化の効果もどちらも作業自体を効率化します。それにより結果として売上向上という効果もでて、生産性が向上するわけです。

　たとえば、従業員4人の小売店で年間売上が4000万円、営業利益率が5％とすると、労働生産性は50万円になります。仮に500万円でAIを導入して売上が5000万円になると、労働生産性は62.5万円になり、単純計算ですが生産性が25％向上したことになります。この場合、500万円の投資で生産性が25％向上するわけです。第1章で紹介した「ローカルベンチマーク」では、小規模小売業の生産性標準は32.1万円となっており、AI導入で業界標準の約2倍の生産性が達成できたことになります。労働生産性を効果指標として使う場合は、相対評価として業界標準と比べることがいいでしょう。もし絶対評価をする場合は、自社の売上高（増加率）、営業利益額（率）を使うこともできます。

　いずれにしても、このような評価指標を使いAIの効果を想定して、AI導入における概念実証の費用、AIシステム開発費用と対比して導入の意思決定を行ってください。

6－2－3　経営者のリーダーシップ

　経営者の役割で最後にお話したいのは、経営者のリーダーシップです。AIに限らずIT導入の場合、担当者に任せることが多いでしょう。ITに強い経営者の方は多くないので、ある意味しかたないかもしれません。ただ、重要なことは、第1章のAI企画作成でご説明したようにAIを活用して何を解決したいのか、どのような効果を得たいのか、これは経営者が考える仕事です。そして、投資対効果を検討してAI導入を決定する。これも経

営者の仕事です。さらに、AI導入に伴い業務改革など、従来と仕事のやり方が変わり全社的な調整が必要な時は、経営者の鶴の一声が必要です。つまり、経営者がリーダーシップを持ってAI企画・導入を図って行くことが重要です。

　この時、気を付けることは、経営者だけが旗を振ってもダメで、従業員が同じ気持ちを持って取り組む必要があります。よくベクトルを合わせるという言葉を使いますが、ベクトルには大きさと方向があります。パート社員のベクトルの大きさを、経営者と同じにするのは元々無理でしょう。しかし、方向性を合わすことはできます。ベクトルの大きさはまちまちでも方向性をしっかり合すことで、AI導入や業務改革も上手くいくでしょう。

　なお、全社的にベクトルを合わすためには、コミュニケーションが重要です。腕の良い経営者の方は既に実践されていると思いますが、常に会社の目指す方向、今後の計画、経営者の考え方などを管理者や従業員に伝え、そして話を聞き、風通しのよい企業風土を作って行くことが私のコンサルティングの経験上、重要なことだと考えます。ぜひ、このような風土づくりを行ってください。

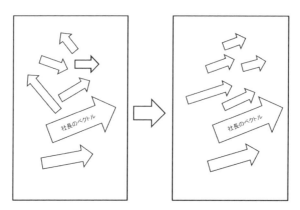

ベクトル（意識や気持ち、モチベーション）の大きさは違っても、
社長さんと同じ方向を向く事が大事。

図表6−3　ベクトルを合わす

6 - 3
AI人材育成と外部リソース活用

　第1章では、中小企業のAI導入の課題としてIT・AI人材の不足を挙げました。これは紛れもない事実です。しかし、この課題はそう簡単に解決できません。だからと言って、何もしないと取り残されてしまいます。本書の最後に、IT人材（特にAI）の育成方法などについてご説明します。

6 - 3 - 1　AI時代の人材像

　人材育成に限らず、何らかの計画を作る時は目標（ゴール）を設定する必要があります。

　また、ゴールに到達するためには途中経過を確認する必要があります。経営管理では、前者をKGI（Key Goal Indicator）、後者をKPI（Key Performance Indicator）と呼んでいます。たとえば、京都から東京まで高速道路を使い5時間で行く計画を作りました。この時のKGIは5時間になります。そして、これを達成するためには、京都から名古屋まで2時間、さらに静岡まで3時間、横浜まで4時間と途中経過を計画して、それをクリアしなければなりません。もし静岡まで3時間30分かかっていれば、スピードを上げる必要があります。

　では、AI人材のKGIは何でしょうか？それを明確にするため、まずはIT化人材像を考えましょう。図表6 - 4は筆者が考えるIT化人材レベルです。IT化人材はITの知識だけでなく会社の業務改革や業務改善も担当するため、業務的知識や経験も含んでいます。中小企業ではIT化人材を作ることは難しいでしょうが、最低でもレベル3の人材は欲しいところです。レベル3では、情報処理技術者のITパスポート（ITに関する一般常識を問う試験）や情報セキュリティマネジメント（技術的なことではなく管理面の知識を問う）程度の知識があることを想定しています。

レベル	業務	IT	備考
5	業界全体の仕事を理解している	自身で自社のIT化企画を作る事ができる。	
4	社外との取引先状況も含めて全社的な業務を理解している。	外部の専門家の指導を受けて、自社のIT化企画を作成できる。	
3	全社的な業務理解している	ソフトウェア開発方法やパッケージソフトの導入方法を理解している。	ITパスポート、情報セキュリティマネジメント
2	自分の部門と関連する部門の仕事は理解している	ルータの意味などネットワークの知識や情報セキュリティの基本的な知識がある。	
1	自分の部門の仕事は理解している	パソコンでメールやHP閲覧はできる。スマフォも使える。ワード、エクセルも使える。	
0	自分の仕事の範囲は理解している。	パソコンやスマホは使えない。	

図表6－4　IT人材レベル

　さらにAI人材は、このレベル3のIT人材レベルに加え、第2章「AIでできること」や、第3章にある事例を基に、AI何ができるかを的確に理解している必要があります。なお、中小企業のAI人材はAIエンジニアではありませんから、機械学習やディープラーニングの詳細まで知る必要はありません。しかし本書は、中小企業のAI人材に最低限知って欲しい内容にとどめていますので、本書の第4章の程度は理解している必要があります。

　ここまでの内容を基に、中小企業のAI人材像をまとめると、次のようになります。

全社的な業務や流れを理解しており、パソコンやインターネットの使い方がわかっている。また、ネットワークの基本的な知識があり、システム開発やパッケージ導入方法も理解している。さらに、AIでできる事や基本的な機械学習の仕組みも理解している。

　このように書くと、そんな人材が中小企業にいる訳がない！と言われる方も多いでしょう。ちなみに私がIT経営の顧問をしている企業では、次の様な方がIT化を担当しています。

【従業員35名の製造業】

　A氏：CADプログラムを作るシステム課の課長（35歳）、中途入社で入社6年目。IT化人材レベル3、社内の生産管理システム再構築を担当。前職でIT化は経験していない。社内業務がCADプログラム制作のため、元々IT関連には強かった。

【従業員60名の製造業】

　B氏：総務部企画課の課長（40歳）、中途入社で入社7年目。IT人材レベル4、社内のすべてのシステム企画を専門家の指導を受けて作成・導入まで行う。前職でネット関連の仕事をしていたため、ITやネット関連には強かった。

【従業員30名の卸売業】

　C氏：業務課課長（42歳）、中途入社で入社15年目。IT化人材レベル4。入社以来社内システムの構築や運用を担当（兼務）。前職はIT関連ではなく、入社してから技術やノウハウを身に付けた。

　このようなIT化人材は中小企業に多くないですが、次にその育成法や計画についてご説明します。

６−３−２　AI活用人材の育成と計画

　IT化人材レベルや具体的なIT化人材をご紹介しました。ご紹介した3名の特徴は、次の2点です。

①前職でITやネット関連の仕事をしていて、入社前からある程度のIT知識があった。
②入社後にIT関連の仕事に携わることで技術やノウハウが身に付いた。
　つまり、元々ITやネットに強い人材を採用して自社の業務を理解してもらい、社内システム構築等のリーダーシップと取ってもらう。或いは、元々ITに強くないが入社してから経験を積んでもらうことです。また、先の3人の方は、すべて他の業務との兼務です。中小企業でIT専任担当を作るのは難しいですので、多くは兼務になっています。また、新たに採用

するのではなく、社内に資質がある従業員をIT化人材にすることも有効
です。その場合、以下の資質がある方いいでしょう。

・IT系知識の習得に積極的な人
・責任ある仕事ができる人
・広い視野でものが見える人
・周りの人とコミュニケーションができる人
・ある程度の社歴がある人

　AI人材を作るためには、まずIT化人材が必要です。まずは、レベル3
のIT化人材を育成することを目標に取り組んで頂ければと思います。そ
して、AIに関しては本書の内容をご理解頂くことで十分です。本書はAI
エンジニアのためではなく、中小企業でAIを企画し導入を行うAIマネジ
メントの内容になっています。図表6－4にあるIT化人材レベルで候補
者の現状レベルを測り、まずはレベル3に到達するために、外部研修会や
OJTを活用してIT化人材を育成してください。

6－3－3　外部支援機関の活用等

　社内でIT・AI人材を育成することが最も重要ですが、その育成過程で
外部の支援機関や専門家を活用することも有効です。活用の方法は、次の
ものがあります。

①IT・AIに関する相談、
　地域の商工会議所・商工会や各都道府県の中小企業支援機関の中小企
　業相談窓口に出向き、課題について相談する。商工会議所や商工会は
　会員制度ですが、会員でなくても利用できるサービスもあります。ま
　た、中小企業支援機関は、会員制を取っていないところが多いので、
　気軽に相談に行ってもいいでしょう。これらの支援機関は、公的な機
　関ですので相談は無料になっています。ただ、必ずしも自社の課題に
　強い相談員がいるとは限りません。その場合は、次の専門家派遣を利
　用するといいでしょう。
②IT・AIに関する専門家派遣
　中小企業診断士や税理士、社会保険労務士、ITコーディネータなど

の専門家を中小企業の課題に合わせて企業に派遣する制度です。自社の課題解決に強い専門家を選んで派遣を依頼することもできれば、支援機関が最適な専門家を選定してくれる場合もあります。派遣回数や料金は支援機関により違いますが、一般的に派遣回数は1つの課題に対して年間3〜5回、派遣料金は無料のケースもあれば、派遣料全体の1/3程度を負担するケースもあります。いずれにしても、専門家が自社に来て直接課題解決の助言をしてくれるので有益な方法になります。ただし、先にも説明した通り年間多くて5回程度の派遣になりますので、継続的な支援が必要な場合は別途民間契約になります。

③IT・AIに関する民間契約

公的支援期間を使わずに、専門家と民間契約をするケースです。もちろん支援機関を活用するような無料では依頼できませんが、多くの専門家は中小企業向けに対応していますので、大手のコンサルティング会社に比べれば依頼しやすいでしょう。ちなみに、中小企業診断協会では、全国の中小企業を支援する診断士に料金についてアンケート調査をしています。その平均金額が公開されています。これを見ると企業のコンサルティング（ITやAIに関係なくすべての課題）費用は、大よそ1時間2万円程度になっています。これは平均ですので、これよりも安いケースももちろんあります。詳しくは地域の中小企業診断協会に問い合わせて頂ければいいでしょう。

　このように自社でIT・AI人材が確保できない、或いは育成途中の場合は、外部の支援を受けることをお勧めします。AIに関しては支援できる人材も少なく適切な相談者が見つからないこともありますが、一度最寄りの支援機関に相談されてはいかがでしょうか。巻末に支援機関のURLを掲載していますので、参考にしてください。

Column 6
宇宙戦艦ヤマトとAI活用

　筆者が中学生の頃、宇宙戦艦ヤマトというテレビアニメがありました。その後、シリーズ化されたり映画になったりしたので、多くの方がご存じだと思います。

　2199年、地球はガミラスの遊星爆弾により放射能に侵され、後1年で滅亡する危機に直面していました。そこで、沖田艦長率いる宇宙戦艦ヤマトが14万8千光年離れたイスカンダルまで、放射能除去装置コスモクリーナーを取りに行くため旅立ったのです。

　旅の途中、ガミラスの冥王星前線基地では、死角のない反射衛星砲に苦しめられますが、見事に反射衛星の存在に気づき冥王星前線基地を壊滅させます。さらに、銀河系を抜けた後、ガミラスが放ったガス生命体と巨大コロナに挟まれ絶体絶命のピンチを迎えたヤマトですが、巨大コロナを波動砲で打ち抜きピンチを切り抜けます。

　最後は、七色星団でガミラスの英雄ドメル将軍との闘いが待っていました。ドメル将軍は瞬間物質移送器で、ドリルミサイルをヤマトの艦首に打ち込みます。波動法を封印されたヤマトは、ここでも大ピンチを迎えます。しかし、真田技師長とアナライザ（AIロボット）の見事な分析により、ドリルミサイルを逆回転させ、見事にドメル艦隊を打ち破ります。そして、無事イスカンダルについたヤマトはコスモクリーナーを地球に持ち帰り、見事にミッションを達成しました（つい夢中になってストーリーを書いてしまいました）。

　さて、ヤマトのミッションは地球から放射能を除去するといういう揺るぎないものです。それを達成する為に、数々の敵が現れます。これは、企業の経営環境の変化と同じです。変化する経営環境に対応する為に、戦略と戦術を駆使して企業ミッションを達成する姿は、まさにヤマトの航海と同じです。

　ちなみに、ヤマトの最大の武器は波動砲です。波動砲を使い数々の敵を打ち破る戦略を実現しました。そして、それは沖田艦長のリーダーシップとそれを支える乗組員の協力があって初めて達成できたのです。

　中小企業がITを活用して戦略を実現し生産性を向上させる為には、経営者が自社の課題を明確にし、リーダーシップを持って取り組む必要があります。AIやITはわからないという経営者の方も多いでしょうが、中身はブラックボックスでいいのです。心配しないでください。沖田艦長も波動砲の中身まではわかっていませんから。

● 参考文献 ●

・新井紀子『AI vs. 教科書が読めない子供たち』（東洋経済新報社）
・独立行政法人情報処理推進機構 AI白書編集委員会『AI白書2019』（KADOKAWA）
・松尾豊『人工知能は人間を超えるか』（KADOKAWA）
・日本ディープラーニング協会監修　日経クロストレンド編集『ディープラーニング活用の教科書』（日経BP）
・日本ディープラーニング協会監修　日経クロストレンド編集『ディープラーニング活用の教科書　実践編』（日経BP）
・白木己歳『写真・図解 果菜の苗つくり～失敗しないコツと各種接ぎ木法～』（農山漁村文化協会）
・杉山将監修　スキルアップAI株式会社　明松真司／田原眞一『徹底攻略ディープラーニングG検定ジェネラリスト問題集』（インプレス）
・野村直之『実践フェーズに突入最強のAI活用術』（日経BP）
・日本ディープラーニング協会監修，浅川伸一／江間有沙／工藤郁子／巣鴨悠輔／瀬谷啓介／松井孝之／松尾豊『ディープラーニングG検定公式テキスト』（翔泳社）
・斎藤康毅『ゼロから作るDeep Learning 2　自然言語処理編』（オライリー・ジャパン）
・斎藤康毅『ゼロから作るDeep Learning－Pythonで学ぶディープラーニングの理論と実装』（オライリー・ジャパン）
・藤本浩司監修　柴原一友『続AIにできること、できないこと すっきり分かる「最強AI」のしくみ』（日本評論社）
・増田知彰『図解速習DEEP LEARNING』（シーアンドアール研究所）
・長橋賢吾『図解入門よくわかる　最新機械学習の基本と仕組み』（秀和システム）
・藤田一弥、高原歩『実装ディープラーニング』（オーム社）
・ウィキ京都研究会『企業診断』2019年6月号「診断士はAI時代にどう生きるか！」（同友館）

【参考URL】※2020年3月現在
・全国の商工会議所一覧（日本商工会議所）
　https://www5.cin.or.jp/ccilist
・全国の商工会一覧（全国商工会連合会）
　https://www.shokokai.or.jp/?page_id=1754
・都道府県の中小企業支援センター（中小企業庁）
　https://www.chusho.meti.go.jp/soudan/todou_sien.html
・全国の中小企業診断協会一覧（一般社団法人中小企業診断協会）
　https://www.j-smeca.jp/open/static/sibuindex.jsf
・知っておきたいがん検診
　https://www.med.or.jp/forest/gankenshin/data/detection/
・有限会社　竹内園芸
　http://www.takeuchi-yasainae.com/about/
・AFCフォーラム2019年8月号
　https://www.jfc.go.jp/n/findings/afc-month/pdf/afc_forum1908.pdf
・野菜生産における機械化の現状
　https://vegetable.alic.go.jp/yasaijoho/senmon/1801/chosa03.html

● 監修・編集・著者 ●

坂田 岳史　　http://itconsul.biz/、http://sme-aipn.biz/

第1章、第2章図表2-3、図表2-7、図表2-8、第3章事例6、第4章図表4-1、図表4-9
第5章5-1、5-2-3、5-5、5-6、図表5-4、図表5-5、第6章、コラム担当

中小企業診断士、ITコーディネータ、ITストラテジスト
有限会社ダイコンサルティング代表取締役、中小企業AI普及ネットワーク代表
ウィキ京都研究会　アドバイザー

国立舞鶴高専電気工学科卒、IT経営コンサルタントとして中堅・中小企業のIT経営コンサルティングに従事。指導先がIT経営力大賞で最優秀賞を受賞するなど中小企業のIT経営コンサルティングでは全国でも屈指。近年では中小企業AI普及ネットワークを設立し、中小企業のAI導入支援にも力を入れている。また、コンサルティングの傍らIT・AI関連の講演、セミナー等を年間50回以上こなす。

【著書】『イラスト図解会社の仕組み』(日本実業出版社)、『図解でわかるソフトウェア開発のすべて』(日本実業出版社)、『企業診断』2019年6月号「診断士はAI時代にどう生きるか」(同友館)、『季刊企業経営』2019年夏号「AI導入の現状と中小企業の課題」(一般社団法人企業経営研究所)、『近代中小企業』2020年2月号「知って得、知らないと損する中小企業のAI導入必勝法！」(中小企業研究会)、他

● 著 者 ●

松下　晶　　第2章2-1、2-2、第3章事例1担当

中小企業診断士、G検定合格者
Bonjour! 現代文明　主宰、ウィキ京都研究会　代表

京都大学総合人間学部卒業。㈱村田製作所の情報システム統括部門で業務システムの開発、アビームコンサルティング㈱でIT業務改革プロジェクトのマネジメント等に従事し独立。中小企業診断士としてクライアントの新規事業計画の戦略立案・実行やAI・IT活用等の支援を行う傍ら、築100年の京町家を改修したイベントスペースを立ち上げ運営。

【著書】『企業診断』2019年6月号「診断士はAI時代にどう生きるか」(同友館)

松尾　憲　　第2章2-3、第4章4-2、4-3担当

中小企業診断士、ITコーディネータ、応用情報技術者、診療放射線技師
M'zコンサルティング　代表、ウィキ京都研究会　会員

大学卒業後、診療放射線技師の資格を取得し大学病院に入職。最先端の放射線治療に従事。新規病院の立上げを経験した後、中小企業診断士の資格を取得し、様々なデータの分析を武器に中小企業の支援に携わる。「NEDO特別講座　実データで学ぶ人工知能講座」を修了し、現在AIを研究中。

【著書】『企業診断』2019年6月号「診断士はAI時代にどう生きるか」(同友館)

大萱 芳久　　第3章事例2担当

中小企業診断士、ITストラテジスト、情報処理安全確保支援士、G検定合格者、
パナソニック株式会社勤務、ウィキ京都研究会　会員

東京大学大学院修了後、ソニー (株) を経てパナソニック (株) に勤務。ソフトウェア技術を武器に開発・製造・販売部門を経験し、現職では企業内診断士としてAI/IoTを活用した新規事業開発プロジェクトリーダーを担当。経営コンサルタントとして大阪中小企業診断士会に所属し、中小・ベンチャー企業の顧問として様々な経営課題の解決に取り組んでいる。

梨木 孝宏　第3章事例3担当

中小企業診断士、プロジェクトマネジメントスペシャリスト、1級電気施工管理技士、大手電機メーカー勤務、ウィキ京都研究会　会員

大手電機メーカーに所属し、都市交通管制システム開発や、同システムの新規導入・更新プロジェクトマネジメントを数多く経験。また、統合基幹システムERP事業立上げの他、事業企画や、組織マネジメントを行ってきた。中小企業支援機関への出向を機に診断士資格を取得、その後、企業内診断士として活動を継続し現在に至る。

松長 由宇子　第3章事例4担当

中小企業診断士、経営管理修士（MBA）、ウィキ京都研究会　会員

同志社大学卒業後、富士通株式会社に入社し、営業として数多くの億単位のシステム導入プロジェクトに参画する。その後コンサルティング会社に転職し、病院業界の経営コンサルティングを手掛け、全国でも数少ない「平成生まれの女性診断士」として活動している。誕生花のカスミソウの花言葉である「清らかな心」を大切にしており、経営者という主役の花を引き立たせるような中小企業支援をしていくことが目標。

鬼頭 靖彦　第3章事例5担当

中小企業診断士　日本政策金融公庫農業経営アドバイザー試験合格者
鬼頭経営相談事務所　代表、ウィキ京都研究会会員

大学卒業後、設備系電機メーカー等で営業に従事した後、経営コンサルタントとして独立。独立後は過去の経験を活かし中小企業の営業管理を中心に業務改善や人材育成支援などを行う。また、農業分野においても販路開拓や農商工連携などの支援を行っている。

【著書】『企業診断』2019年6月号「診断士はAI時代にどう生きるか」（同友館）

吉川 浩史　第4章4-1、4-4担当

中小企業診断士、経営管理修士（MBA）、G検定合格者
京都府中小企業診断協会会員、金融業従事、ウィキ京都研究会会員

中小企業診断士として、製造、卸売、小売、病院、歯科医、ベンチャー、ゲストハウス、ゴルフ練習場、かき氷店等様々な業種や規模の中小企業の支援を行う。モットーは「一日一生」、奈良吉野地方で木を育てていることから短期～長期的視野に基づく経営支援を行っている。

【著書】『企業診断』2019年6月号「診断士はAI時代にどう生きるか」（同友館）

南　肇之　第5章5-2-1、5-2-2、5-3、5-4担当

中小企業診断士、公認不正検査士（CFE）、1級土木施工管理技士、G検定合格者
ウィキ京都研究会　会員

京都大学法学部卒業。大手電子部品メーカーを皮切りに、一部上場企業から中小企業まで、製造・建設・小売・物流と幅広い業種に従事した異色の経歴を有する。企業内では一貫して経営管理・企画および経理・財務畑を歩み、現在は、企業経営監査を専らとする。

「AIを学ぶなら、統計を知るべき！」と研究会の先輩から勧められ、昨年から統計学を学びだした、純粋文系人間。

【著書】『企業診断』2019年6月号「診断士はAI時代にどう生きるか」（同友館）、『企業診断』2018年8月号「2次試験　失敗と成功の本質Ⅱ」（同友館）

2020年7月26日　第1刷発行

AIの導入を考えはじめたら読む本

Ⓒ編著者　坂　田　岳　史
Ⓒ著　者　ウィキ京都研究会
発行者　脇　坂　康　弘

〒113-0033 東京都文京区本郷3-38-1
TEL. 03（3813）3966
FAX. 03（3818）2774
https://www.doyukan.co.jp/

発行所　株式会社　同友館

落丁・乱丁本はお取り替えいたします。
ISBN 978-4-496-05486-0

ライトラボ／村松製本所
谷島正寿（デザイン）
Printed in Japan